KB078745

전략적 사고

전략적 사고

ⓒ 김진항, 2020

초판 1쇄 발행 2020년 3월 18일

지은이   김진항
펴낸이   이기봉
편집   좋은땅 편집팀
펴낸곳   도서출판 좋은땅
주소   서울 마포구 성지길 25 보광빌딩 2층
전화   02)374-8616~7
팩스   02)374-8614
이메일   gworldbook@naver.com
홈페이지 www.g-world.co.kr

ISBN 979-11-6536-223-2 (03190)

이 도서의 국립중앙도서관 출판예정도서목록(CIP)은 서지정보유통지원시스템 홈페이지(http://seoji.nl.go.kr)와 국가자료공동목록시스템
(http://www.nl.go.kr/kolisnet)에서 이용하실 수 있습니다. (CIP제어번호 : CIP2020009555)

STRATEGIC THINKING

선진국으로 가는 길

전략적 사고

• 김진항 지음 •

"선진국에서 살고 싶은가?
이 책에 공감하고 행동하라!"

좋은땅

서문

　우리나라는 세계 10위의 경제 강국으로 국민 소득 3만 불을 구가하고 있지만 아직도 우리가 살고 싶어 하는 세상과는 거리가 있다. 합리성과 보편성이 가치관으로 정립되어 상식이 통하는 세상, 희망이 있는 세상, 노력한 만큼 결과가 주어지는 세상, 서로 믿고 안심하게 살 수 있는 멋진 세상을 만들려면 우리는 대내외적으로 녹록하지 않은 도전을 극복해야 한다.

　우리나라는 강대국들과 경쟁해야 하는 지정학적 위치 때문에 이들과 힘들게 경쟁하면서 살아왔고 현재도 그렇다. 북한은 같은 민족임에도 불구하고 남침하여 전 국토를 유린하였는가 하면, 지금도 적화통일 전략의 기치 아래 핵무기까지 개발하여 우리의 생존을 위협하고 있다. 내부로 눈을 돌려보아도 갈등이 만만치 않다. 모든 사람들이 그저 눈앞의 자기 이익 챙기기에만 급급하다. 지역 간의 갈등이 심각하고, 사회적 위치에 따라 생각하는 바가 다르며 정치하는 사람들은 소속 정당의 이익과 개인 이익만을 위해 끝없이 싸우고 있다. 노조의 무리한 요구와 파업으로 노사 간의 갈등의 파고 역시 높다. 이처럼 많은 사람들이 남에 대한 이해와 배려는 없고 오로지 자신의 이익 추구에만 혈안이다.

이러한 상황에서 우리가 살고 싶은 세상을 만들기 위해서는 당장 눈앞의 작은 이익보다 미래적이고 전체적인 차원에서 모두에게 같이 이득이 되는 생각이 필요하다. 다행스럽게도 사람은 동물과 달리 미래를 생각하는 능력이 있기 때문에 당장의 현실이 힘들 때는 미래에 대한 희망을 가지고 타개 방법을 찾는다. 따라서 현재보다는 미래를, 부분보다 전체를 생각하여 기획하고 그 기획된 일을 간접적이고 은밀하게 그리고 창의성을 발휘하여 실행하는 방법을 생각하는 전략적 사고를 우리의 문화로 만든다면 이 문제들을 해결할 수 있다. 우리 국민 모두가 지금 하려고 하는 일들을 미래에 도움이 되는 쪽으로, 전체적으로 볼 때 우리가 원하는 삶에 도움이 되는 쪽을 택하면 그것이 바로 전략적 사고다.

이 책은 많은 사람들에게 전략적으로 생각하는 것이 일상에 어떻게 도움이 되고 이익이 되는지를 공감하게 만드는 데 목적이 있다. 사람은 공감하면 행동하게 되고 그 행동에 합당한 인센티브가 주어지면 그 행동이 반복되어 습관이 된다. 이렇게 개별적으로 습관화된 전략적 사고가 모이면 집단의 문화로 자리 잡는다. 따라서 책의 구성은 전략에 대한 기본 지식을 간략하게 설명한 후, 전략적 사고가 우리의 삶에 도움을 준다는 것에 공감케 하려고 노력하였다. 전략이 전문가의 영역으로 치부되고 있었지만 사실은 이미 우리의 일상생활에 깊이 들어와 있다. 이러한 맥락에서 이 책은 보통 사람들도 전략적 사고를 쉽게 이해하고 받아들일 수 있도록 다양한 분야의 실증적 사례를 스토리텔링 기법으로 전개하였다.

다행스럽게도 우리는 새마을운동이 우리나라의 양적 성장과 발전의 기폭제로 작동한 역사적 경험을 가지고 있다. 같은 맥락에서 전략적 사고 문화 확산운동을 전개한다면 나라의 질적 성장에 자극제로 작동할 수 있을 것으로 확신한다. 그러므로 우리나라가 선진국으로 가는 길은 전략적 사고 문화 확산에 있다고 생각한다. 따라서 많은 사람들이 전략적으로 사고하는 것이 나의 삶에 도움이 되고, 나아가 우리나라가 선진국이 되는 데도 크게 도움이 될 것이라는 사실을 이 책을 통하여 공감하기를 바란다.

광화문 광장이 내려다보이는 사무실에서
2020. 1. 30. 김진항

차례

왜 전략적 사고가 필요한가?

대외 정세

우리나라는 지정학적으로 동북아에서 힘이 센 나라들의 한 가운데 놓여 있어서 힘든 날들을 보내 왔고 지금도 그렇고 앞으로도 그럴 것이다. 우리 모두 알고 있는 것처럼 우리나라를 둘러싸고 있는 중국, 러시아, 미국, 일본은 모두 세계에서 힘이 센 나라들이다.

이 나라들과의 사소한 이해 충돌도 상대적으로 국력이 약한 우리나라에는 현재적·잠재적 위기상황이 될 수 있다. 일본의 군비 증강과 독도에 대한 야욕, 중국의 동북 공정과 중국과 러시아의 공중과 해상에서의 무력시위 등은 잠재적 국가위기관리 이슈들이다. 우리와 동맹관계에 있는 미국과도 협력과 경쟁의 관계에 놓여 있다. 미국의 대중관계, 대중동관계, 대북 제제, 방위비 분담 등은 우리의 안보 문제와 깊은 관련을 맺고 있어 현명한 대처가 요구되는 문제들이다. 러시아는 이념적으로 적대관계에 있었고 지금도 북한과 가깝기 때문에 관심을 가져야 하는 나라다.

남북관계는 헌법적 차원에서는 국내 문제라고 하지만 실체적 진실은 대외적 문제다. 유엔에 동시 가입한 별개의 국가이며 적대하는 특수관계다. 안보상의 위협에 대비하면서도 동시에 민족 통일이라는 이념적 문제가 복잡하게 얽혀 있는 관계다. 지금 당장 눈앞에 전개되고 있는 북한 핵은 우리의 안전을 크게 위협하고 있지만 해결책을 찾기가 쉽지 않다. 대남 적화 통일의 목표를 포기하지 않고 있는 북한이 핵무기를 포기할 가능성은 보이지 않고, 북핵 문제와 관련이 있는 주변국과의 관계도 매끄럽지 못하다. 중국은 잠재적으로 북한 편을 들고 있고 일본과는 과거사 문제로 껄끄러운 상황이며 세계에서 유례를 찾을 수 없는 연합작전체제를 구축하고 있으면서도 한·미 양국의 정치지도자들 간에는 신뢰보다는 불신의 골이 깊어지고 있다. 그럼에도 북핵 문제해결에 대한 국민적 합의도 전략적 대안도 보이지 않는다.

이처럼 우리가 겪고 있는 어려움은 우선적으로 국가 최고의 핵심 가치인 생존을 결정하는 안보 문제이고 부차적으로 수출의존 경제의 취약성이다. 강대국과의 경쟁과 북한 문제에 대한 주변 강대국의 이해 충돌은 우리에게 행동의 자유를 제한한다. 실제로 우리가 이 나라들과 경쟁을 하는 것은 무척 힘이 든다. 그럼에도 우리는 이러한 상대와 경쟁하면서 우리가 원하는 삶을 가꾸어 갈 방법을 찾아야 한다. 이를 위하여 약자가 강자와 경쟁하면서 생존과 번영을 유지하는 유리한 경쟁의 틀을 지혜롭게 만들어야 한다.

국내 정세

국외 정세도 혼란스럽지만 나라 안의 문제도 만만하지 않다. 우리 역사에서 이렇게 첨예한 갈등의 구조를 처음 본다. 상대를 흠집 내기 위한 투쟁이 극한으로 치닫고 있다. 정당 간의 대결은 말할 것도 없고 계층 간, 지역 간 이념적 갈등이 너무나 커서 과연 해결이 가능할지 의문이 든다. 정치 이념에 대한 지역 간의 갈등이 심하고 사회적 위치에 따라 이념이 다르며 추구하는 가치 역시 다르다. 국민의 뜻을 대표하여 나랏일을 하라고 만들어 준 국회는 싸움만 하고 있고, 노조는 회사가 망하든지 말든지 오로지 자기 주머니만 채우려 한다.

우리 경제는 '모방 경제'의 한계에 도달하여 새로운 돌파구를 찾아야 하는 시점이지만, 4차 산업은 여러 가지 제약 속에 놓여 있다. 창의성을 바탕으로 하는 투자환경이 조성되어야 하는데 그렇지 못한 것이 현실이다. 정부의 지나친 규제, 강성 노조, 청년실업 문제, 영세한 자영업자, 최저임금 문제 등이 걸림돌이 되고 있다. 수출 위주의 경제체제이지만 반도체를 제외하고는 국제 경쟁력이 떨어지고 있는 가운데 대미 수출의 장벽은 점점 높아져 가고 있다. 선진국과 개발도상국 사이에 놓인 샌드위치가 되어 철강, 조선 등의 중·후·장·대 산업에서 어려움을 겪고 있다. 그리고 세계 최고 강도의 노사 갈등은 노동 현장의 혼란과 이를 저지하는 국가 공권력마저 무력화되어 국가기반체계를 마비시킬 지경에 이르고 있다.

개인적 삶의 현장에서도 남에 대한 이해나 배려가 부족하고 오로지 자신만의 이익을 추구하다 보니 혼란과 충돌이 많다. 이권이 걸려 있는 자리에 있는 사람은 당연히 해 주게 되어 있는 일도 뇌물을 줘야 해결이 되고, 힘이 있는 사람은 안 되는 일도 무리하게 일을 추진하여 전혀 엉뚱한 사람들이 피해를 보는 일도 많다. 교통 문제에서는 무단 횡단, 새치기, 보복 운전 등 사회적 기본 규칙을 위반하는 일은 보통이다. 이웃 간의 주차시비, 층간 소음 갈등, 어린애 싸움이 어른 싸움으로 번지기도 한다. 화를 참지 못해 방화하고, 사업이 실패했다고 아무것도 모르는 아이들까지 죽음으로 몰고 간다. 돈 때문에 부모를 살해하는 도덕적 타락 등은 차마 눈을 뜨고는 볼 수 없는 일들이 우리 사회를 먹구름처럼 뒤덮고 있다.

겉으로는 지식·정보화 사회가 되었지만 안으로는 아직도 농경문화 수준을 벗어나지 못하고 있다. 희망이 없어서 세계 최고의 자살률을 기록하는 나라, 서로 믿지 못하여 신뢰 문제 때문에 별별 수단이 동원되는 나라, 권력과 이권 간에 온갖 유착과 비리가 횡행하는 나라, 노력 없이 결과만 추구하는 나라, 미래보다는 당장의 이익에 집착하는 나라, 합리보다는 기분에 따라 움직이는 나라, 남이 하면 무조건 우르르 몰려가는 나라, 절차와 과정은 무시되고 결과만 추구하는 나라, '설마' 의식으로 대충대충 넘어가는 안전 불감증의 나라, 재난의 요인이 가장 많은데도 전문가가 없는 나라, 사고가 나면 위기관리 능력이 없어 우왕좌왕하는 나라, 장기 기획이 없어 그때그때 일을 처리하는 나라, 창조경제를 부르짖지만 그 해법은 잘 보이지 않고, 청년들은 일자리가 없어 좌절하는 나라, 인구는 고령화되는데 출산율은 떨어지는 나라, 복지 수요는 증가하는데 정치인들의 포퓰리즘 탓에 재정은 악화 일로에 있는 나라, 포퓰리즘을 알면서도 이런저런 이유로 그것을 부추기는 사람을 지도자로 뽑는 나라 등의 많은 문제점이 사회 전반에 잠복하고 있다.

사정이 이러하다 보니 우리는 미래를 위한 계획보다는 당장의 일을 중요하게 생각한다. 개인이나 조직에서 장기 계획을 세우는 것은 보기 힘들고, 설사 있다고 해도 그냥 문서일 뿐이다. 뷔페에 가면 분명 내일 아침에는 배탈이 나서 후회할 것을 알면서도 우선 먹고 보는 식탐이 작동한다. 유행에 민감하고, 과학적 검증이 없더라도 아는 사람이 하면 따라하는 성향 역시 이를 잘 반영한다. 주가가 출렁이고, 아파트 붐이 일고, 개구리가 몸에 좋다고 소문이 나면 개구리 씨가 마른다.

또한, 수단과 목적이 뒤바뀐 삶이 횡행한다. 돈이란 사람에게 행복한 삶을 만들어 줄 수단인데 수단인 그 돈을 목표로 돌진한다. 숙제를 부여받은 학생은 공부는 하지 않고 그 숙제가 요구하는 반복 횟수를 채우는 데 급급하다. 시험은 실력을 평가하기 위한 수단인데, 시험 점수를 잘 받기 위해 점수 따는 방법에만 치중한다. 회의는 문제 해결이나 어떤 사안을 공유하기 위한 것인데 회의 때문에 회의 의제를 찾아 헤매고 있다. 이렇듯 우리는 목적과 수단을 도치하면서 살아왔다. 그러다 보니 법과 규정을 무시하고 수단과 방법을 가리지 않으면서 오로지 물질적 가치에만 집착하는 사회가 되었다. 위험에 대해서는 '설마' 하는 마음을 위안으로 삼아 못 본 체하고, 일상에서는 내일 어떤 일이 벌어질지보다는 지금 당장 좋은 것을 찾는다.

따라서 우리 사회는 갈등과 분열로 사회적 기회비용이 엄청나게 많이 들고 올바른 정책마저 길을 찾지 못하고 헤매고 있다. 양보와 배려는 보기 힘들고 법과 규정을 잘 지키면 오히려 바보로 취급당한다. 모든 사람들이 당장의 이익에 혈안이 되어 있다. 멀리 생각하지 못하고 전체적으로 생각하지 못한다. 서로가 믿고 사는 사회, 양보하고 배려하는 사회를 만들어 사회적 기회비용을 줄여야 하고 우리 경제 수준에 걸맞은 선진화된 사회를 만들어야 하는데 그렇지 못하다.

사고 문화와 가치관

나무는 기후와 토양의 영향을 받고 자라는 것처럼 문화는 개인과 사회 전반의 행동 양식으로부터 영향을 받는다. 우리는 그간 경제적 어려움을 너무 크게 겪어서 '우리도 한번 잘살아 보세'라는 기치를 내걸고 오직 경제적 성공을 위해 돌진했다. 너무나 가난하여 봄이면 먹을 것이 없어 헤매는 보릿고개라는 어려움도 겪었다. 온 국민들의 소원은 쌀밥에 고깃국을 실컷 먹어 보는 것이었다. 이처럼 경제적으로 어려운 여건이 우리 사회의 모든 가치를 물질적 풍요 쪽으로 몰아갔다. 과정과 절차를 무시한 채 목표를 향해 돌진했다. 그러다 보니 개인도, 사회도, 국가도 오직 경제적 성공에 따르는 목표를 향한 지표 관리에만 혈안이 되었다. 이러한 현상을 독일의 카셀대학 김덕영 교수는 돈에 대한 무한한 욕망과 물질에 대한 허기로 추동되는 '에리식톤 콤플렉스' 때문이라 했다.

그런가 하면 근세사 역시 순탄하지 않았다. 우리는 조선 말기의 동학란, 대한제국 시대의 외세 침입 등의 혼란한 시대를 거쳤다. 마침내 일본에게 나라를 빼앗겨 35년간의 식민지생활을 한 후 다른 나라의 힘에 의해서 해방을 맞았다. 이어서 이념의 차이로 남북으로 갈라졌다가 불과 5년 후 동족 간의 피비린내 나는 6.25 전쟁을 겪었다. 이처럼 불행하고 어려운 시기를 거치면서 '살아남는 것'이 최고의 가치로 자리매김하였다.

질곡의 시대를 거치면서 '생존이 최고의 가치'로 자리매김하다 보니 면면히 이어져 오던 우리 고유의 정신문명은 말살되고 원시인 심리[1]가 되살아났다. 일반적으로 불안정한 사회는 불안 때문에 수렵채집 시대와 같은 상황이 된다. 이러한 사회적 환경은 우리에게 원시인 심리가 발현되게 하였고 우리의 문화를 합리적이기보다는 감정적이게 만들었다. '배가 고픈 것은 참을 수 있어도 배가 아픈 것은 참을 수 없다.'라는 속담은 우리의 이러한 감정적인 문화를 아주 잘 표현하고 있다. 따라서 미래를 위한 계획보다는 당장의 일을 중시한다.[2]

대부분의 사람들이 현실에 집착하지만 우리는 그 정도가 심하다. 지금 우리 사회가 안고 있는 병폐의 대부분이 지금 당장의 현실만 보

---

1 '원시인 심리'란 우리의 조상들이 아주 오래전에 살았던 수렵채집 시대에 맹수에 대한 두려움과 부패한 음식에 대한 두려움 등 항상 생존에 대한 두려움이 큰 시대를 살면서 진화된 의식을 말한다. 즉, 감정이 우선이고 이성은 나중이며, 지금 당장 내 앞에 있는 것이 중요하고 남을 따라하는 것이 안전하다는 의식이다. 불안하고 급박한 상황에서 자연스럽게 나타나는 현상이다.

2 미래보다는 당장의 일이 우선하는 속담이 이를 잘 반영한다. '우선 먹기는 곶감이 달다.' 라든지 '먹고 죽은 귀신은 때깔도 좋다.'라는 말이 대표적이다.

고 있기 때문이다. 자신이 몸담고 있는 조직의 미래를 생각해 보면 절대 그렇게 하지 않을 일들이 일어나고 있다. 연일 벌어지는 데모와 신문지상을 장식하는 노조의 시위는 대게잡이 어부들보다 어리석다. 그 어부들은 암게와 크기가 작은 게는 미래를 위해 바다로 놓아 준다. 하지만 오로지 지금 당장의 이익만 주장하는 노조는 자신들을 먹여 살리고 있는 근원인 사업장이 망해도 좋다는 식이다. 기생충도 숙주가 살아 있어야 살아갈 수가 있는 법인데, 감당할 수 없는 수준의 급여를 요구하면 사업주가 선택할 수 있는 방법은 감원이 아니면 사업장의 문을 닫는 방법밖에는 없다. 결국 모두가 일자리를 잃게 된다.

정치도 마찬가지다. 나라가 있어야 정치가 있다. 그런데 자신의 입신영달(立身榮達)을 위해서 나라의 안전보장이 되든지 말든지 나라를 구성하는 가장 중요한 요소인 국민의 생존이 어떻게 되든지 상관없다. 정권을 잡았으니 내 마음대로 하겠다는 무리수를 두고 있다. 세상의 중심축인 엄마들이 자기 자식만 좋은 대학에 보내겠다고 설쳐 댄다. 인기리에 방영되었던 〈스카이 캐슬〉이 이러한 현상을 적나라하게 묘사했다.

한국인의 좋지 않은 습성을 풍자한 속담 중에 '독 속의 게.'라는 것이 있다. 독 속에 게를 풀어놓으면 서로 밖으로 기어 나오려 발버둥친다. 그러나 결국 한 마리도 나오지 못한다. 밑에 있는 게가 올라가는 게를 끊임없이 물고 당겨 떨어뜨리기 때문이다. 이민자들 사이에 떠돌아다니는 비슷한 이야기가 있다. 중국인 1명이 봇짐 들고 공항에 내리면 중국인 10명이 십시일반(十匙一飯)[3]으로 도와 가게를 낼 수 있게 해 준다. 다음번에 다른 중국인이 오면 이번에는 중국인 11명이 도와서 자리 잡게 한다. 한국인은 1명이 이민 오면 10명이 달려들어서 벗겨 먹는다. 또 다른 한국인이 오면 이번에는 11명이 달려든다.

마지막 보루라고 생각되는 종교마저도 이 기능을 제대로 하지 못한다. 종교 활동이 일상생활과 궤를 같이하고 있는 서구 문화와 달리 우리네의 종교 활동은 일상생활과 전혀 궤를 같이하지 못하는 '따로국밥'이다. 전부는 아니지만 상당수의 종교인들이 기복 신앙으로 기울고, 성직자마저 일탈하여 본분을 망각하는 일이 비일비재하다. 정치와 종교가 분리된 역사가 상당함에도 이 땅의 종교 종사자들은 정치에 극단적으로 참여하고 있다. 종교란 으뜸 종(宗) 가르칠 교(敎)이므로 가장 으뜸적인 가르침을 줘야 하는데 인격을 교양하는 품성 교육의 역할을 다하지 못하고 있다.

우리나라가 예전부터 이렇게 삭막한 사회는 아니었다. 비록 가난했지만 사람들은 옆 사람을 배려하고 스스로 품위를 지키고자 애를

---

3   열 사람이 한 숟가락씩 모아 한 사람의 식사를 만드는 것이다.

썼고, 지금 당장의 문제보다 나중에 일어날 일을 생각하면서 행동했다. 지금 당장 화가 나고 서운한 일이 있더라도 참았다. 화나고 서운하다고 막무가내로 행동하면 나중에 결과가 어떻게 될지를 예견했기 때문이다. 그런데 근대화 과정에서 이러한 가치들이 모두 실종되었다. 가정교육을 해야 할 가장은 직장 때문에 집을 비우는 일이 많아졌고 집에서 출퇴근을 하는 경우에도 아이들이 자고 있을 때 출근해서 아이들이 잠든 뒤에 퇴근한다. 학교에서는 윤리 도덕 교육이 입시 교육 때문에 뒷전으로 밀려났고 학원에서는 아이들을 점수 따기 기계 만드는 데 열중했다. 동료가 잘못되어야 내가 앞설 수 있다는 무한 경쟁의 체제에 매몰되어 있다. 어른들의 이야기는 꼰대의 잔소리로 치부되어 전혀 먹히지 않는다.

그럼에도 선진사회를 만드는 데 필요한 구성원들의 생각을 규제할 시스템이 전무하다. 그 결과 사람들은 당장의 쾌락에 집중한다. 지금의 언행이 즉각적 보상이 나타나는 것에 집중한다. 종교적 가르침에 따른 언행이나 윤리·도덕적 행위에 대한 보상은 간접적이고 반대급부로 돌아오는 기간이 너무 길기 때문에 당장 눈앞에 나타나는 즐거움과의 경쟁에서 경쟁력이 없다. 이러한 제반의 여건들은 전략적 사고가 자리를 틀고 앉을 여지를 박탈하였다.

STRATEGIC THINKING

전략적 사고란?

전략의 개념

전략이란 말이 최초 고대 전쟁의 현장에서 태동하였지만, 전쟁도 하나의 치열한 경쟁의 형태라고 간주하면 '전략이란 유리한 경쟁의 틀로 바꾸는 것'이라고 정의할 수 있다. 사회가 발전함에 따라 전략이라는 용어가 우리의 보편적 일상생활에 활용되기 시작하였다. 따라서 오늘날 실용성 있는 전략의 개념이 되려면 공자의 일이관지(一以貫之) 방식을 적용하여 전략이 국가 간의 전쟁뿐만 아니라 모든 경쟁에 적용될 수 있도록 정의되는 것이 타당하다. 이렇게 정의하면 전략이 '모든 인간사의 경쟁'에 적용이 가능한 모습이 된다. 이러한 전략은 힘이 약하거나 여건이 불리할 때 상대와 경쟁하는 방법론이 므로 우리가 일상에 적용할 경우 많은 이익을 얻을 수 있다는 장점을 가진다.

이렇게 정의한 전략을 만드는 방법은 전략을 구성하고 있는 '요소' 와 경쟁이 이뤄지고 있는 '시·공간'을 변화시키면 된다. 즉, 전략의 구성 요소인 목표, 개념, 수단, 시간과 공간, 이들 다섯 가지 요소 중 에서 나에게 유리한 요소를 하나 또는 그 이상을 변경하여 '경쟁의 틀을 유리하게' 만들면 바로 그것이 전략이다.

전략적이란?

전략적이란 단어 구조상으로 보면 '전략'이라는 명사에 형용사 역 할을 하는 '적(的)'이라는 어미가 붙어 있는 단어다. 일반적으로 '-적' 의 사전적 의미는 "한자어 뒤에 붙어 그러한 성질, 경향, 상태에 있음 을 나타내는 말."이라고 정의되어 있다. 따라서 '전략적'이라고 하면 '전략의 성질을 가지고 있거나, 전략의 경향을 띠거나, 전략의 상태' 에 놓여 있음을 나타내는 말이 된다. 그런데 '-적'의 사전적 의미를 설 명한 성질, 경향, 상태를 하나로 묶어 보면 그것은 속성이라는 말로 대체해도 무방하다. 따라서 전략적이라는 의미는 전략적 속성을 가지는 것이라고 말할 수 있다. 일반적으로 전략적이라고 할 때 전략적 속성 전부를 다 가져야 하는 것은 아니고 그 속성의 일부만 가져도 전략적이라고 불러도 무방하다.

전략적이 되려면?

전략은 어떤 일을 생각하고 구상하는 단계에서 벌어지는 기획성과 그 일의 성공을 보장받으려는 실행 과정에서 발생하는 기만성을 속성으로 하여 기능한다. 따라서 전략의 속성은 기획성과 기만성이다. 그리고 이를 세분화하면 기획성은 미래성과 전체성으로 구분되고 기만성은 간접성, 은밀성, 창의성으로 구분된다.

가. 기획성

기획이란 어떤 대상에 대해 변화를 가져올 목적을 확인하고 그 목적을 성취하는 데에 가장 적합한 행동을 설계하는 것을 의미한다. 이러한 정의를 자세히 살펴보면 기획이란 문제를 해결함에 있어 최대한 범위를 확대하고 있음을 알 수 있다. 따라서 기획성이란 시간적으로 미래성을, 공간적으로 전체성을 가진다. 그러므로 전략은 어떤 사안이 처한 상황을 시간적·공간적으로 확대하여 보다 미래적이고 전체적인 차원에서 문제의 해결책을 찾는 방식이다.

그러나 미래성과 전체성을 무한정 확대할 수는 없다. 이것들을 통제할 범위를 초과하면 의미가 없기 때문이다. 그러면 미래성은 어느 정도까지의 미래를, 전체성은 어느 정도까지의 전체성을 필요로 하는가? 세상의 모든 것이 상대적이듯 이것들도 상대적 의미에서 미래성이고 전체성이며 그 상대성의 기준은 기만성이다. 경쟁 상대를 기만할 수 있을 정도의 상대성을 말한다. 즉, 미래성은 경쟁 상대가 그 문제와 관련하여 '예측하기 힘든 시간상의 미래'를, 전체성은 '경쟁 상대가 생각하지 못할 정도의 범위'가 기준이면 된다. 다시 말해, 현재의 상황에서 조치하는 것들을 경쟁 상대가 예측하거나 이해하지 못할 정도의 시간적 미래와 공간적 크기이면 된다.

(1) 미래성

미래성이란 미래의 시점까지 확대하여 사안을 살펴보고 목표 달성에 가장 유리한 대안을 찾는 것을 말한다. 시간적 차원에서, 당장의 현재적 입장보다 미래적 차원에서 문제를 취급한다는 의미다. 지금 당장의 시점에서는 해결 방법이 보이지 않는 것도 미래적 차원으로 '판을 키워서 보면' 그 답이 보인다. 세상만사는 변하기 때문에 지금의 현재 상황이 항상 그대로 있는 것이 아니고 시간이 지나면 반드시 변한다. 즉, 현재의 불리한 상황은 유리한 상황으로, 현재의 유리한 상황은 불리한 상황으로 바뀐다. 미래가 어떤 상황으로 변할 것인가를 예측하는 것은 전략에서 가장 중요한 영역이다.

미래 예측은 전략이 추구하는 목표 시점에 따라 장기적 미래 예측과 단기적 미래 예측으로 구분된다. 단기적 미래 예측은 과거의 경험을 통하여 예측하는 것으로 추세 분석 기법이나 빅데이터(big data) 분석으로 가능하다. 그러나 장기적 미래 예측은 세상의 변화 원리를 활용하는 것이 바람직하다. 세상의 변화를 크게 보면 동양학의 순환 개념이 큰 도움이 된다.

(2) 전체성

전체성이란 공간적 관점에서 수평적·수직적으로 확대하는 것을 말한다. 즉, 해결해야 할 사안을 수평적으로 확대하여 해결책을 찾고, 수직적으로 확대하여 높은 곳에서 바라보고 해결 방법을 모색하는 것을 말한다. 이렇게 함으로써 궁극적인 차원에서 유리한 입장이 되거나 더 좋은 결과를 얻을 수 있다. 부연하면, 전략은 공간적 차원에서도 현재 당면한 국소적 면보다 더 큰 차원에서 문제를 다룬다는 의미다.

국소적 관점에서는 해결 방법이 보이지 않는 것도 판을 키우면, 다시 말해 거시적·전체적 국면에서 보면 답이 보인다. 예를 들어 산에서 길을 잃었을 때, 높은 곳으로 올라가면 길이 보이는 것처럼 일부 조직 입장에서는 해결이 어려운 과제도 전체적 조직의 관점에서 보면 답이 보인다. 기획부서가 최고 의사결정 기관에 속해 있는 것은 그곳에서는 조직을 한눈에 조망할 수 있기 때문이다.

나. 기만성

전략이 온전한 가치를 가지려면 그 내용을 상대가 모르게 해야 한다. 내가 하고자 하는 것을 상대가 모르게 해야 성공할 수 있는데 그 핵심이 기만이다. 미래적, 전체적 차원에서 기획한 내용이 상대에게 알려지게 되면, 상대가 그에 대한 대응책을 마련할 것이기 때문에 그 기획은 '유리한 경쟁의 틀'이 될 수 없다. 무릇 전략이란 약자가 강자와 경쟁할 때 필요한 것인바, 약자가 유리한 조건을 만들려는 것들을 절대 상대가 알아서는 안 된다. 그러므로 유리한 경쟁의 틀을 만드는 과정과 만들려는 낌새마저도 감춰야 한다.

전략은 전장에서 그 개념이 태동된 순간부터 적장에게 나의 생각과 행동을 숨기기 위한 각종 계책을 준비하여 시행하는 것이었다. 전략의 '략(略)' 자는 꾀를 의미한다. 꾀를 쓴다는 것은 힘이 약한 자가 머리를 쓴다는 것으로 상대를 기만하여 소기의 목적을 달성하려는 것을 의미한다. 그러므로 전략이라고 하면 어떠한 방식으로든지 상대를 속여서 내가 원하는 것을 얻어 내는 기만성을 수반한다. 전쟁이란 국가 생존의 문제로 마지막 수단으로 선택된 대안이기 때문에 절대적 경쟁 상태다. 그러므로 전투 현장에서는 가용한 모든 수단을 이용하여 적을 기만하고 적이 미처 생각하지 못했던 바를 전술로 구사할 수 있도록 유리한 조건을 만들어 주는 것이 전략의 본분이다.

일반적으로 속이는 것은 옳지 못하지만, 전략에서 상대를 속이는 기만성이 보편적 가치를 가지는 근거는 '대의명분'에 있다. 전쟁에서는 승리만이 국가를 지키고 국민을 보호할 수 있으므로 승리를 위해 사용되는 모든 수단과 방법은 대의명분을 가진다. 실제 전장에서 경쟁하는 양측의 장수는 상대를 기만하기 위해 노심초사한다. 따라서 전장에서 행해지는 속임수는 훌륭한 전략이다. 승리를 위해 적장을 기만하는 것이 칭송을 받을지언정 결코 비난받지는 않는다. 사실 전사에 빛나는 전공을 세운 유명한 장수는 속임수에 능했던 사람이었다. 하지만 사사로운 이익을 위하여 감언이설이나 거짓말로 상대를 기만하는 행위는 대의명분이 없기 때문에 모략이라고 한다.

기만은 통상 부정적으로 인식되지만 긍정적인 기만도 있다. 그것의 판단 기준은 경쟁관계가 우호적이냐 적대적이냐에 따라 결정된다. 우호적 경쟁관계의 전략은 내부를 지향하는 전략이고 적대적 경쟁관계의 전략은 외부를 지향하는 전략이다. 내부 지향 전략은 전략의 주체와 객체가 동일한 목표를 지향하고 있다. 따라서 내부 지향 전략에서 구사되는 기만은 경쟁의 상대를 궁극적으로 이롭게 할 목적을 가지고 있기 때문에 전략에 사용되는 기만은 긍정성을 가진다. 긍정적 기만은 서로 같은 목적을 추구하는 가족, 공동체의 구성원,

의사와 환자의 관계 등에서 발생한다. 주로 갑이 을의 성장과 발전을 위해서 구사하는 기만이다. 반면에 부정적 기만은 외부 지향 전략으로써 주체와 객체가 동일한 가치를 두고 서로 차지하려고 쟁탈하는 적대적관계인 배타적 목표를 지향하는 전략 상황에서 작동한다. 그러므로 상대를 최대한 곤경에 처하도록 만들고자 기획되는 방안이며 고전적 전략의 기본 형태다.

전략은 전통적으로 부정적 이미지를 배태하고 있지만 전략의 개념이 크게 확장된 오늘날에는 전략이 경쟁적관계뿐만 아니라 상보적 관계에서도 활발히 쓰이고 있으므로 기만성 때문에 전략을 부정적으로만 볼 이유가 없다. 오히려 기만의 긍정적, 부정적 성격을 상황에 맞게 선택하여 활용하는 지혜가 필요하다. 이러한 기만성은 간접성과 은밀성 그리고 창의성을 기반으로 존재한다.

(1) 간접성

간접성은 기만을 위해 행위 자체는 드러내지만 의도하는 본심은 내면에 잠재시킨다. 상대를 기만하려면 나의 의도를 노출해서는 안 된다. 어떤 유기체든지 직접적 방법에 대해서는 즉각적인 반응을 나타내기 때문에 간접적으로 접근해야 상대가 나의 의도를 바로 알지 못하여 기만하고자 하는 의도에 대하여 반발하는 것을 미연에 방지할 수 있다. 따라서 기만을 당한 경우에도 그 의도하는 본심을 알아채지 못한 것은 기만을 당한 자의 탓이 되므로, 기만에 대하여 웃어

넘기거나 분노할 경우에도 그 분노의 화살은 피기만자에게로 향한다.

간접성의 진수를 보여 준 대표적 사례는 암스테르담 공항 소변기에서 볼 수 있다. 암스테르담 공항은 소변기에 파리 모양 스티커를 붙여 놓음으로써 소변기 밖으로 새어 나가는 소변의 양을 80%나 줄일 수 있었다고 한다. 이곳에는 화장실을 깨끗이 사용하라는 경고의 말이나, 심지어 파리를 겨냥하라는 부탁조차 없었다. 어떠한 금지나 인센티브 없이도 인간 행동에 대한 적절한 이해를 바탕으로 원하는 결과를 얻었다. 재미를 찾는 인간의 본성을 활용하여 소변이 밖으로 새어 나가는 것을 방지한 것이다. 고객이 지시 또는 통제받는 느낌을 받지 않도록 간접적으로 접근한 사례다.

(2) 은밀성

성공적인 전략 실행을 위한 기만은 소극적인 간접성만으로는 부족하다. 보다 직접적이고 적극적인 방법으로 은밀성이 요구된다. 상대를 기만하려면 아무도 모르게 일을 추진해야 하며 나의 의도를 노출시키지 않으려면 당연히 상대가 알지 못하도록 은밀하게 계획하고 행동해야 한다. 은밀성은 전략의 기만적 속성을 가장 현실적이고 직접적으로 보장하는 방안이다. 이러한 은밀성은 상대가 눈치채지 못하게 하거나 알았을 때는 이미 모든 사실이 기정사실화되어 더 이상 손을 쓸 수 없게 만들어야 한다.

은밀성은 상대가 알아차리지 못할 정도의 작은 동작이나 느린 속도로 변화를 추구해야 보장받을 수 있다. 또한, 봄에 한 포기의 풀이 땅을 뚫고 나오기 위해 엄동설한의 그 차디찬 땅속에서 꼼지락거리는 것처럼 아주 조용하게 움직여야 한다. 사람은 자기가 알고 있는 것을 표현하지 않고 참는 것이 힘들다. 특히 상대에 대한 미운 감정을 참는다는 것은 더욱 힘들다. 이처럼 보통 사람이 감정표현을 억제하는 것이 무척이나 힘들다. 그럼에도 의도를 노출하지 않기 위하여 싫어도 좋은 척, 좋아도 무심하게 대해야 한다. 이런 것들을 모두 참고 견뎌야 은밀성을 보장받을 수 있다.

(3) 창의성

전략이라는 것이 불리한 상황을 유리한 상황으로 경쟁의 틀을 바꿔야 하는 것이기에 기존의 존재 방식으로는 쉽지 않다. 그러므로 기존의 방법을 뛰어넘는 새로운 방법론이 요구된다. 그 방법의 핵심이 기만이다. 기만은 간접적이고 은밀한 방법을 뛰어넘어 상대가 상상도 할 수 없는 창의적 방법이라면 더욱 좋다. 창의란 새로운 생각으로 시작하지만 창의성 역시 상대적이다. 복사도 그 내용을 아무도 모르는 환경에서는 창의적 의미를 가지며 그러한 복사 내용을 가지고 승리의 새로운 틀을 만들 수 있다. 한 단계 더 나아가서 원래의 환경과 새로운 환경의 차이를 가미하여 알맞게 변형시킨 것을 벤치마킹이라고 하는데, 이것 역시 남들이 생각하지 못한 창의성을 발휘한 것이다. 그리고 기본 원리는 이미 있었더라도 전문가가 아니면 알 수 없는 새로운 사실을 만들어 내는 발명이 가장 창의적이다. 요컨대, 창의성이란 파악된 개념을 자유자재로 변환시켜서 상황 조건에 가장 적절한 형태로 변형하여 적용하는 방법이다.

　이러한 창의를 가능하게 하는 가장 강력한 힘은 통찰력과 직관력이다. 통찰[4]은 어떤 사물이나 사안의 전체를 예리하게 속을 꿰뚫어 본다는 뜻이다. 전략의 대상을 통찰할 능력이 없는데 제대로 된 전략을 수립한다는 것은 불가능하다. 사안이 처한 상황을 통찰해야 하고 사안에 관련된 제반 사실의 관계와 속성을 통찰해야 하며 그 사안이 진행되어 갈 미래를 통찰해야 한다. 사안의 원인과 결과에 대한 관계를 알고 어떤 일이 일어나면 그 결과가 어떻게 될 것인가를 예측할 수 있는 능력이 통찰력이다. 그리고 직관은 불확실성 속에서 순간순간 번뜩이는 아이디어를 말한다. 이러한 아이디어는 섬광과도 같은 통찰력을 통해 생기는데 전략적 차원의 직관은 오랫동안 고민하고 있던 문제에 대한 해결책이 한순간에 섬광처럼 떠오른다. 평범한 직관 같은 모호한 감정이 아니고 선명한 생각이다. 이러한 전략적 직관은 사욕의 단계를 뛰어넘어 몰입의 단계에 도달하여야 얻을 수 있다.

4　통찰의 사전적 의미는 "전체를 환하게 봄 또는 예리하게 꿰뚫어 봄."이라고 정의되어 있다. 영어로는 insight라고 쓰는데 단어를 찬찬히 뜯어보면 '속을 들여다본다.'라는 의미다.

전략적 사고의 필수 요소

사고의 유연성

전략적 사고를 뒷받침하려면 유연한 사고를 견지해야 한다. 유연한 사고를 지닌 사람이란 상황에 적절히 대응하며 행동하는 사람을 말한다. 아무리 적극적이고 자기 개발에 열심인 사람이라도 주어진 상황을 기존의 자기 방식에만 얽매여 보수적으로만 받아들인다면 상황의 타개는 불가능할 수밖에 없다. 이러한 유연한 사고의 한 방법으로 흔히 쓰이는 것이 역발상이다. 역발상은 가장 관건이 되는 핵심 요소에 대해 기존 특성을 갖지 않게 하거나 거꾸로 변환시키는 것을 말한다.

이처럼 유연한 사고를 견지하려면 고정 관념에서 벗어나야 하는데 그 방법 중의 하나가 변화를 인식하고 받아들이는 것이다. 뿐만 아니라 전략적 상황 자체가 변화하는 가운데 승리하기 위한 경쟁의 틀을 유리하게 만드는 과정이므로 변화를 자연스럽게 받아들이는 태도는 전략을 기획하고 구사하는 데 중요한 요소다. 전략적 사고는 약자의 입장에서 강자와 경쟁해야 하는 절박한 상황에서 문제를 해결할 방법을 찾아야 하는 과정이다. 그것은 현재의 고정 관념에서 벗어나서 자유자재로 상상하는 사고 프레임이 요구된다. 즉, 관련되는 것들을 대체, 모방, 종합, 융합해야 하는데 이때 고정 관념에 사로잡힌 사고 프레임으로는 불가능하다. 경직되지 않고 자유자재로 변환이 가능한 사고가 필요하다.

상상력과 감정이입 능력

우리는 시·공간의 3차원 세계에서 살아가면서 불리한 여건에서 경쟁을 해야 하는 상황이 다반사다. 그럴 때 꾀를 내어 현재 처해 있는 상황이나 경쟁의 틀에서는 불리하니까 현재의 국면을 시간적, 공간적으로 확대하면 해결책을 찾을 수 있다. 지금 처해 있는 상황의 판을 키워 놓고 보면 더 큰 새로운 목표, 다양한 개념, 다양한 수단, 긴 시간적 맥락에서 가장 적정한 시간 그리고 다양하고 넓은 공간에서 상대보다 유리한 경쟁의 틀을 만들 수 있는 요소가 보인다. 이렇게 판을 키우는 능력이 필요한데 상상력이 이것을 가능하게 해 준다. 또한, 상상력은 나와 타인의 삶이 어떻게 서로 다를 수 있는지를 고려할 수 있게 해 주고 미래 일어날 일들을 예상할 수 있게도 해 준다. 감정이입도 마찬가지다. 상상력이 '생각에 깃드는 것'임에 비하여 감정이입은 '마음에 깃드는 것'이다. 따라서 감정이입은 타인이 어떻게 느끼고 있는지를 알 수 있도록 해 준다. 다시 말해 다른 사람의 감정으로 들어가서 그들의 내면 깊은 곳의 반응을 경험하는 것이다. 이 역시 역지사지를 가능케 해 주는 중요한 수단이다.

상상력이 객관적 실체와 겉으로 드러난 것들을 그려 보는 능력이라면 감정이입으로 얻을 수 있는 것은 극히 내면적인, 심리적 문제다. 이것은 전략 대상 객체의 감정을 파악하는 것이므로 이것은 경쟁의 대상이 어떻게 행동할 것인가를 예측할 수 있다는 측면에서 대단히 중요하다. 또한, 상상력이 전략환경을 판단하고 경쟁 상대를 피상적으로 파악하는 데 요구되는 능력이라고 한다면, 감정이입 능력은 경쟁 상대의 심리 상태를 파악하여 행위를 예측할 수 있게 해 준다. 그러므로 상상력은 좀 더 과학적이고 객관성을 갖지만 감정이입은 주관적인 성격을 갖는다. 그리고 상상력은 직접 또는 간접경험이 도움을 주지만 감정이입은 어느 정도 타고나야 하므로 훈련이 필요하다. 그러므로 훌륭한 전략가가 되기 위해서는 풍부한 상상력과 감정이입 능력이 요구된다.

상대적으로 우월한 지적 수준

전략은 간단히 말해서 머리싸움이다. 힘이 약해서 어쩔 수 없이 머리를 써서 꾀를 내는 것이므로 많이 아는 사람이 유리하다. 일반적으로 지적 수준이 높은 사람이 해결해야 할 문제를 바라보는 범위가 더 넓고 더 크다. 그러므로 그런 사람은 시간적 맥락과 공간적 맥락에서 사고하며 미래에 어떤 일이 일어날 것인지를 알 수 있다. 그러므로 전체성과 미래성에 익숙한 사람이 그렇지 못한 사람을 기만하는 것은 쉬운 일이다.

어떤 일을 도모할 때 일이 일어나는 원인과 결과를 아는 것은 전략적 사고에 큰 도움이 된다. 일어나는 사안에 대해 원인과 결과를 아는 것은 관련 지식이 결정한다. 바둑의 고수는 반상에 놓인 바둑돌의 상황이 하수가 그렇게밖에는 놓을 수 없다는 것을 알기 때문에 하수의 다음 수를 안다. 따라서 고수는 그것을 예상하고 몇 수 앞을 보면서 포석을 하는 것이다. 물이 흐르는 길을 알아야만 홍수 대책을 마련할 수가 있는 것과 같은 이치다.

이처럼 전략은 결과를 유도하는 원인이 무엇인지 아는 것이 중요하다. 원인을 알기 위해서는 다방면의 직접적, 간접적 지식이 필요하다. 특히, 추구하는 목표를 명확히 간파하는 능력과 그 목표 달성에 관련된 사안들을 정확히 아는 것이 필수다. 부가하여 인간의 심리와 피아 전략환경을 조성하는 문화에 대한 이해 역시 필요하다.

전략은 '머리를 써서 꾀를 생각해 내는 것'이므로 전략의 주체는 사람이고 더 구체적으로는 사람의 두뇌라고 할 수 있다. 조직도 전략의 주체가 될 수 있지만 그 조직을 움직이는 주체는 결국 사람이다. 따라서 어떤 전략은 그 어떤 사람의 두뇌작용이며 그 두뇌작용에 영향을 미치는 심리가 중요하다. 왜냐하면 심리란 사고와 행동 방식의 배경으로 작용하므로 그것을 안다면 사고와 행동 방식을 예측할 수 있기 때문이다.

문화 역시 중요하다. 문화에 따라 동일한 사건에 대하여 인식하고 해석하는 방법이 다르며 그에 기초한 행동의 결과는 전혀 다른 결과를 초래한다. 특히 전략 대상에 포함된 사람들의 사고방식은 전략적인 사안에 가장 큰 영향을 미친다. 합리적 사고방식을 가진 집단의 행위는 쉽게 예견되는 반면 합정적(合情的) 사고방식 속에서 살아가는 집단의 행위에 대한 예측은 어렵다. 미국이 이라크전에서 고전했던 것도 기독교 문화가 이슬람 문화를 이해하지 못했던 것에서 비롯된 것이다.

STRATEGIC THINKING

전략적으로 사고하면
좋은 점은?

전략적 사고는 언제나 미래적이고 전체적인 차원에서 문제를 해결하려는 시도다. 미래에 대한 생각은 미래에 발생할 어려움에 대한 사전 대비를 가능하게 하고 전체적 관점은 모든 일을 취급함에 있어 균형감을 유지시켜 준다. 이처럼 시·공간적으로 차원을 확대하면 지금 당장의 국지적 차원에서는 보이지 않던 해결책이 보인다. 시간적 확대는 세상의 변화 주기를 고려할 수 있게 하고 공간적 확대는 다양한 해결 방안을 모색하게 한다. 이러한 과정은 해결의 가능성을 보여 줌으로써 희망을 가지고 포기하지 않고 어려움을 극복할 수 있다는 긍정적 생각을 하게 한다.

또한, 궁극적으로 더 큰 가치를 식별하여 창출하고 그 가치를 구현

하는 과정에서 시행착오를 줄여 준다. 직접비용은 물론 간접비용 및 기회비용까지 최소화할 수 있다. 뿐만 아니라 문제해결을 위한 최적화된 대안을 선정할 수 있고 그 대안을 실행하는 과정에서 발생하는 무리수, 마찰을 줄일 수 있으며 대안 창출 과정에서 숙달되고 함양된 창의력은 문제해결 능력을 향상시켜 준다. 이러한 능력은 조직을 이끌어 가는 데 필요한 리더의 자질이다. 따라서 자연스럽게 리더를 배출할 수 있다.

부가하여 이렇게 습관화된 개인의 전략적 사고는 사회 구성원 간에 이해와 양보, 공익 정신, 협동 정신 등 공동체가 필요로 하는 긍정적 가치를 고양시킨다. 구성원 상호 간에 신뢰가 증가하여 강력한 사회적 자본을 형성한다. 오래전 삼성경제연구원의 발표에 의하면 우리나라의 신뢰 부족으로 인한 사회적 손실을 금전적으로 환산하면 국가 GDP의 27% 정도나 된다고 하였다. 만약 전략적 사고 문화가 정착되면 GDP의 27%만큼의 재원을 다른 분야에 쓸 수 있다는 단순 계산이 나온다.

국가적으로는 국가 전략을 구상하고 집행하는 데 유능한 인재가 많아서 국내외적 현안들을 현명하게 처리할 수 있을 것이다. 현재보다는 미래를 전제로 하는 전략적 사고는 위기를 미연에 방지할 수 있는 다양한 대책을 마련하고 위기 발생 시에는 현명하게 대처할 수 있도록 해 준다. 장기적·전체적 관점에서 입안된 국가 정책은 나라의 안정과 발전을 도모할 수 있다.

　사람은 결코 혼자 살아가는 것이 아니고 둘러싸고 있는 환경과의 조화 속에서 살아간다. 그러므로 균형과 조화를 이루면서 살아가야 생존과 번영을 보장받을 수 있다.
　따라서 전략적 사고는 우리가 대외적으로는 주변국들과 경쟁하면서 우리의 국격을 높이고 대내적으로는 갈등을 줄이고 전체적으로 조화롭고 궁극적 이익을 극대화하는 수준 높은 삶을 영위하는 세상이 되는 데 도움이 된다.

지혜로운 개인의 삶 영위

　우리 속담에 '호랑이에게 물려 가도 정신만 차리면 산다.'라는 말이 있다. 아무리 어려운 상황일지라도 포기하지 않고 '살 수 있다.'라는 긍정적인 생각을 하면 살길이 있다는 뜻이다. 전략적 사고는 현재의 어려운 상황에만 머물지 않고 미래적으로 전체적으로 생각한다. 비록 지금 당면한 어려움도 멀리 생각하면 더 이상 나빠질 수 없을 것이고 크게 생각하면 지극히 작은 부분이다. 이러한 생각은 어려움을 해결할 수 있다는 자신감을 생기게 하고 그러한 사고 습관은 매사를 긍정적으로 생각하게 만든다. 성공한 사람은 항상 긍정적 사고를 바탕으로 아무리 어려운 상황일지라도 포기하지 않고 '성공할 수 있다는 긍정적 사고'에서 출발하여 자신의 능력을 최고로 발휘한 사람이다.

유비무환은 전략적 사고가 담보한다. 미래를 보고 사는 사람과 그렇지 않은 사람 간에는 큰 차이가 있다. 당장의 문제보다 앞으로 일어날 일에 대하여 생각하면 자연스럽게 대비하게 된다. 미리 대비하면 모든 일을 착오나 실수 없이 잘할 수 있다. 기획하는 습성은 미래 예측력을 향상시켜 미래에 일어날 일에 대한 올바른 판단을 가능하게 한다. 노정을 알고 일의 우선순위를 알면 일을 처리하는 데 시간과 비용을 절약할 수 있다. 미리 예상하고 준비를 하면 어떠한 경우에도 당황하지 않는다. 미래에 일어날 일에 대하여 마음의 준비만이라도 하고 있으면 덜 당황한다. 미래를 알고 미리 생각하고 준비하여 계획한 후에 일을 추진하면 사고나 위기를 미연에 방지할 수 있다.

기획성의 또 다른 한 분야는 공간적 차원에서의 영역이다. 모든 것을 부분에 집착하지 않고 전체적 차원에서 업무를 조망하면 일의 우선순위와 경중완급(輕重緩急)[5]이 보인다. 지금 하려는 일이 전체적으로 관련된 연관성을 확인하고 일을 기획하고 준비하면 균형을 잡

---

5   가벼운지, 무거운지, 느린지, 급한지를 말한다.

을 수 있다. 또한, 사고나 위기의 원인을 제공하는 무리수[6]를 방지할 수 있다. 정상적인 시스템에 무리를 가하면 시스템이 비정상적으로 작동하여 사고가 나고 위기를 만든다. 전략적 사고는 시스템에 미칠 미래의 영향을 미리 생각하게 함으로써 무리하지 않는다. 기획이란 현재적 가치보다는 미래적 가치에 더 중점을 두고 전체적인 차원에서 가치가 극대화되도록 하는 작업이다. 멀리, 크게 생각해 보면 어떻게 하는 것이 최선인지 판단하는 것이 그리 어렵지 않다. 시간상으로 목표시점까지, 공간상 전체적으로 생각해 보면 어떻게 하는 것이 이익이 극대화되는지가 가시화된다. 따라서 전략적 사고는 궁극적으로 가치를 증대시킨다.

전략의 실행적 속성인 기만성의 한 축인 간접성은 상대와 마찰을 일으키지 않거나 최소화한다. 자신의 의사를 표현할 때에도 마찰을 줄이기 위해 돌려서 말하거나 비유를 사용한다. 상대가 눈치채지 못하게 만드는 은밀성 역시 상대가 반발하거나 대응조치를 할 기회를 박탈함으로써 업무 추진에 생기는 근본적인 마찰을 없앤다. 불리한 상황을 유리한 상황으로 경쟁의 틀을 바꾸기 위해 사고하는 과정은 기존의 방식을 뛰어넘는 창의적 방법이 필요하다. 난국을 해결하고 승리하기 위한 절박감은 직관, 통찰력과 같은 초능력을 발휘하여 어

---

6 무리란 도리나 이치에 맞지 않거나 정도를 지나치게 벗어나는 것을 말하는데 사고의 원인이 된다.

려운 문제를 해결하게 만든다. 그러므로 전략적 사고는 창의적 인간을 만들어 문제해결 능력을 향상시킨다.

리더란 조직을 이끌어 가는 사람으로서 비전을 만들고 실현시키는 구심점 역할을 해야 한다. 이런 일을 하려면 당연히 기획력이 출중하고 어려운 상황 하에서 그것을 극복하고 승리를 쟁취할 수 있는 능력이 필요하다. 그러한 능력이 바로 전략적 사고다.

이처럼 전략적 사고가 습관화되면 조직에서 매사를 미래적이고 전체적으로 사고하고 창의적인 대안을 만들어 간접적이고 은밀하게 추진하는 능력이 생긴다.

정리하자면, 전략적 사고는 능력과 품격이 있는 사람으로 만들고, 미래적이고 전체적인 사고는 신중한 행동과 현명한 판단을 견인한다.

우수한 사회적 자본 형성

국민 한 사람 한 사람의 전략적 사고는 전략적 사고 문화로 결집되어 사회적 자본으로써 그 진가를 발휘할 수 있다. 합리성과 보편성이 담보되는 사회가 되어 가치 기준이 분명하고 신뢰가 자연스럽게 사회적 자본으로 따라오게 된다. 미래와 전체적 입장에서 생각하는 전략적 사고 문화는 집단 구성원 상호 간의 공감대 형성을 용이하게 하여 협력이 잘된다. 이런 사회적 환경이 조성되면 이웃과의 친화적 관계 발전을 포함하여 지역 공동체 발전을 위한 긍정적 활동이 활발해질 것이다. 전략의 기획성이 발휘된 전략적 사고는 사회 구석구석에 퍼진 모순과 갈등을 미연에 방지할 수 있다.

또한 전략의 실행적 차원에서 필수적 요소인 기만성의 구성 요소인 간접성과 은밀성은 대인관계와 업무 추진 과정에서 갈등과 마찰을 최소화하여 안정된 사회적 분위기를 조성할 것이다. 또한, 기만성의 핵심적 요소인 창의성은 사회의 모든 분야에서 새로운 아이디어가 분출하는 분위기를 만들어 사회적 문제해결 능력을 향상시킬 것이다. 부가적으로 새로운 분야에 대한 도전을 즐기는 문화가 형성되어 창의성이 요구되는 21세기 IT 문명에 크게 기여할 것이다.

이처럼 전략적 사고 문화가 확산되면 자연스럽게 리더의 자질을 가진 사람이 많이 배출되어 사회적 갈등이 방지되고 생산성 향상, 국가 위기관리 등에서 큰 성과를 내는 사회적 자본이 만들어질 것이다. 이러한 사회적 자본은 신뢰 사회, 합리적 사회, 품격 있는 사회를 만들어 준다.

균형 잡힌 국가 역량 증대

국민 개인에게 전략적 사고가 습관이 되고 사회에 전략적 사고가 문화로 정착이 되면 국가의 유연성 역량이 커진다. 국가의 역량이란, 물론 군사력과 경제력이 중심이 되는 하드웨어가 중요하지만 이에 못지않게 그러한 물리력이 작동되게 하는 소프트웨어도 중요하다는 것이다. 국가의 대내외적 난국 상황에서 전략적 사고 문화는 국민적 단결을 이루는 데 긍정적으로 작용할 것이다. 현재보다 미래를 생각하는 구성원들은 나라가 처한 상황 인식에 공감하고 국가 발전 전략에 동의할 확률이 높다. 요컨대 전략적 사고는 국력을 극대화시키는 효소로써 작용할 것이다.

미래를 생각하는 전략적 사고는 유비무환 정신과 같은 맥락이다. 이것은 국가적 위기를 사전에 방지하고 대형사고 및 재난을 방지할 수 있어 국가 예산 절약이 가능하고 재난으로 인해 발생하는 국민들의 심리적 폐해도 줄일 수 있다. 전체적으로 생각하는 전략적 사고는 극한적 노사 대립과 같은 국가의 내적 갈등을 미연에 방지할 수 있고 촉발된 갈등마저도 쉽게 풀어 갈 수 있다. 이러한 갈등의 감소는 사회적 기회비용을 줄여서 더 나은 복지국가 건설에 투자할 수 있으므로 복지국가 건설을 앞당기는 데도 도움이 될 것이다.

전략이란 기본적으로 이소제대(以小制大)[7]를 위한 방법론이므로 강대국으로 둘러싸인 지정학적 불리점도 전략적 사고 문화가 확산되면 극복이 가능하다. 전략적 사고로 유리한 경쟁의 틀을 만들면 이길 수 있다. 비록 물리적으로 작지만 전략적 혜안으로 찾아낸 방법론과 전략적 행동은 강대국과의 대결에서도 승리할 수 있다. 우리의 장점으로 유리한 경쟁의 틀을 만들기만 한다면 로마 제국이 번성했던 것처럼 우리나라가 해양과 대륙의 양방향으로 영향력을 투사할 수 있는 내선작전(內線作戰)[8]의 장점을 충분히 살릴 수 있다.

또한, 전 세계적 광풍으로 불고 있는 과잉복지 포퓰리즘도 전략적 사고가 차단할 수 있다. 포퓰리즘이란 유권자들에게 인기를 얻기 위한 나쁜 정치인들의 선거 전략이다. 대표적 정치인이 아르헨티나의 페론 대통령이다. 자신의 정치적 인기를 얻기 위해 돈을 마구 뿌린 결과 20세기 초 선진국이었던 아르헨티나는 아직도 가난에 허덕이는 나라가 되었다. 베네수엘라의 차베스, 그리스의 파판드레우 역시 마찬가지다. 포퓰리즘은 정치인들이 유권자들의 비전략적 사고를 악용하는 것이다. 어리석은 유권자들은 나중에 어떻게 되든 알 바가 아니고 나중에 상황이 어떻게 될지 모르니 우선 좋은 게 좋다는 식이

---

7 작은 것으로 큰 것을 제압한다.

8 적을 주변에 두고 중앙에서 작전을 전개하는 형태, 신속한 기동, 집중 및 분산의 이점을 획득하고 양호한 통신, 짧은 병참선 등의 장점이 있다. 나폴레옹이 가장 많이 쓴 작전 행태이며 6.25 전쟁 시 낙동강 방어선 구축도 내선작전의 한 형태다.

다. 나중에 곳간이 비어서 굶어 죽을지도 모른다는 상황을 미리 생각하지 못한다. 전략적으로 사고하지 못하고 당장의 문제에 집착하는 그 약점을 정치인들이 이용하는 것이다. 그러므로 포퓰리즘의 천적은 바로 전략적 사고다.

STRATEGIC THINKING

전략적 사고
유도는 어떻게?

개인적 습관화

전략적 사고가 우리의 삶에 긍정적으로 기여할 수 있다는 것은 분명하다. 그러면 지금까지 비전략적인 생활에 길들여진 습관[9]을 어떻게 하면 전략적으로 사고하는 습관으로 바꿀 수 있을까? 습관은 습관화 되기를 원하는 행위가 지속될 수 있는 환경이 조성되어야 가능하다.

---

9 심리학자인 장현갑 교수에 의하면 신경가소성의 원리에 의하여 대뇌피질과 피하질 구조 사이에 새로운 신경회로가 만들어지는 데 걸리는 시간인 21일만 철저하게 연습하면 뇌가 바뀔 수 있다고 한다. 생각이 호흡, 체온, 혈압과 같은 생명유지 장치를 관장하는 뇌간에 이르면 자연스러운 습관이 되어 몸에 밴다고 한다.

사람이 어떤 행위를 하는 것은 보상을 기대하기 때문이다. 보상이 강화되면 더욱 그 행위가 강화되고 그 행위가 반복적으로 일어나면 습관이 된다. 습관이란 우리 모두가 처음에는 의식적으로 행동하지만, 얼마의 시간이 흐른 후에는 생각 없이 거의 매일 반복하는 행위를 말한다. 예를 들어 식사량, 사무실에서 하는 일, 음주 횟수, 조깅하는 시간 등을 처음에는 동기나 공감에 근거하여 의식적으로 결정하여 실행한다. 그러나 시간이 지나면 우리는 이러한 행위들을 의식적인 선택 없이 거의 습관적으로 행한다. 즉, 습관이 된 것이다.

개인의 습관은 반복적 행동이 이뤄져야 하고 반복적 행동은 보상이 결정한다. 이 과정에서 '행동-보상 루프(loop)'가 형성된다. 그러나 동기에 의해서 만들어진 행동에 대한 보상이 만족스럽지 못하면 반복적 행동이 이뤄지지 않아서 행동-보상 루프(loop)는 만들어지지 않는다. 예를 들어 담배를 피워 보니 니코틴이 뇌를 자극해서 주는 쾌감이 좋다. 쾌감이 다시 담배를 피우게 한다. 이러한 흡연 행동에 따른 쾌감의 보상이 따르니까 흡연 습관이 생긴다. 아침에 일어나서 산책을 하니까 밥맛이 좋고 몸의 컨디션이 좋은 것을 느꼈다. 이러한 행동-보상 루프(loop)가 형성되면 매일 아침 산책을 하는 습관으로 이어지게 된다. 아버지가 아들이 아침 산책할 때마다 일정액의 용돈을 주면 그것이 보상이 되어 행동-보상 루프(loop)가 만들어진다. 그렇게 되면 아들은 아침에 산책하는 습관을 가지게 된다.

그런데 좋은 습관을 들이는 것은 쉽지 않다. 술, 담배, 마약과 같은 쾌락적 자극은 육체적 자극이 강하기 때문에 쉽게 습관이 들지만, 좋은 것들은 육체적 자극이 없고 인내와 노력을 요구하는 것이기 때문에 습관을 들이는 것이 어렵다. 대부분의 사람들은 조급해서 그 보상이 즉각적 또는 단기간에 나타나기를 기대한다. 예를 들어 술을 마시면 당장 기분이 좋은 대신에 내일 아침에는 머리가 아프지만 좋아지는 것은 지금이고 머리가 아픈 것은 내일 아침이므로 "먹고 죽은 귀신은 때깔도 좋다."라고 기염을 토하면서 마시고 또 마신다.

전략적 행위를 습관으로 유도하려면 먼저 보상 사이클을 이해시켜야 한다. 이를 위한 가장 좋은 방법은 전략적 행위에 대한 보상을 직접 경험하게 하는 것이다. 하지만 이 방법은 시간이 많이 걸린다는 단점이 있다. 따라서 차선책으로 독서 또는 남의 이야기를 듣는 간접 경험을 하게 하는 것이다. 그러나 어떤 사실을 이해한다고 바로 행동으로 이어지지 않는 것이 문제다. 이해한 것을 행동화하려면 그 사실에 감정적으로 공감해야 한다. 우리의 몸은 이성적 판단보다는 감정에 의해 행동화하는 경향이 있다.

따라서 이성적 논리로 판단한 것을 감성적 느낌으로 옳다고 느끼면 행동 동기가 더 커진다. 그것은 우리 인류의 진화 과정에서 뇌가 이성적 활동보다는 감정적 활동이 더 먼저였고 감정적 판단에 의한 행동이 더 오래 습관화되었기 때문이다. 감성적 느낌으로 공감할 때까지 노력이 필요하다.

전략적 사고를 국민운동으로 전개

문화란 그 사회 구성원 한 사람 한 사람의 습관의 집합이다. 구성원들의 습관이 좋으면 좋은 문화가, 습관이 나쁘면 나쁜 문화가 만들어진다. 따라서 좋은 세상을 만들려면 이상적 가치가 사회 문화로 자리 잡아야 한다. 개인적으로나 사회적으로나 좋은 행동의 습관화는 어렵다. 선행, 봉사, 기부, 양보, 배려 등의 고상한 가치를 습관화하는 것은 상당히 어렵다. 지금 우리 사회와 같이 기본이 무너진 사회적 환경에서는 더욱 그렇다. 사회적 자본이 빈약한 상태에서는 심히 어려운 실정이다.

그렇지만 개인적으로 습관화된 전략적 사고가 사회 전체적으로 확장되는 시스템을 구축하면 된다. 현실적으로 어느 조직이나 단체의 구성원 모두를 한 방향으로 습관화시키는 것은 불가능하다. 개인적 습관화를 먼저 시작하여 그것을 사회적으로 확산하는 것을 병행해야 한다. 이를 위하여 임계질량 법칙을 벤치마킹하면 좋다. 즉, 조직 내의 변화를 추구할 때 조직원의 20%까지 변화하는 것을 목표로 강제수단을 동원하면 된다. 전략적 사고는 보상받고 비전략적 사고는 배척당하는 행동-보상 루프(loop)를 만들어 강제 수단을 동원하여 전략적 사고에 대한 공감교육과 공감한 바대로 행동하게 유도하고 그 행동이 반복되도록 인센티브를 주는 시스템을 작동시켜야 한다.

부모, 선생님 등 지도적 위치에 있는 사람들이 전략적 사고에 대한 격려 및 포상 등의 적절한 인센티브를 제공하도록 정부 및 지자체 그리고 각종 사회단체 등에서 홍보하고 지원하면 된다. 동시에 당장 눈앞의 이익에만 골몰하다가 전략적 차원에서 손해가 되는 일은 근원적으로 차단하는 법과 규칙, 제도를 만들어 시행하는 것이 바람직하다. 그러나 대중은 언제나 의심이 많으며 앞에 나서려 하지 않는다. 원시인 심리가 사회 저변에 깔려 있는 우리의 상황에서는 더욱 그렇다. 그러나 누군가 선도하는 지도자가 있고 그것이 옳다는 인식이 생기기 시작하면 '우르르 몰려가는 원시인 심리'가 역으로 전략적 사고 문화를 확산하는 데 도움이 될 수도 있다.

또한, 우리는 새마을운동을 국민운동으로 성공시킨 역사적 경험을 이미 가지고 있다. 새마을운동은 모두가 아는 바와 같이 '하면 된다.'라는 긍정적 의식 문화를 정착시켜 우리를 가난한 농업국가에서 세계 10위 수준의 경제대국으로 발전시켰다. 이를 벤치마킹하여 '전략 문화 확산 국민운동'을 전개한다면 좋은 결과를 얻을 수 있을 것이라고 생각한다.

일상적 삶에서의
전략적 사고

생각하기

생각은 멀리, 크게 하는 것이 좋다. 그렇게 하면 여유가 생기고 희망이 생기고 해결책이 생긴다. 주변에서 일어나는 세상사가 사람을 짜증나고 힘들게 하고 있다. 가까이 지내야 할 주변국과는 갈등으로 날을 세우고 있고 경제는 추락하는가 하면, 군대가 나라를 지킬 수 있을지도 모르겠고 진영 간의 갈등은 끝없이 치솟고 있다. 모든 사람들이 눈앞의 이익에 혈안이 되어서 협력은 찾아볼 수 없고 헐뜯고, 욕하고 싸우는 장면만 연출된다. 이해 조정을 위해 만나도 합리적 결론에 도달하지 못하고 갈등만 증폭하다가 결국은 힘 있는 쪽의 주장이 무리하게 행사된다.

　모든 사람들이 원시인 심리에 사로잡혀서 지금 당장 눈앞에 있는 것만 중요하고 내일은 생각하지 않는 것 같다. 그러다 보니 갈등 속에서 만인의 만인에 대한 불신으로 날을 새고 있다. 돈은 조금 있어서 OECD에도 가입하고 국민 소득이 3만 불이라고 자랑한다. 그러나 여전히 후진국 모양새다. 미래에 대한 희망이 없고 삭막하다.

　삶은 누구에게나 힘든 것이다. 나라는 어지럽고 모두가 불행하다고 난리다. 연일 매스컴을 통해서 토해 내는 말들을 분석해 보니 전부가 더 가지겠다는 욕심의 발로다. 더 가지면 정말 행복할까? 먼저 살다 간 선배들이 남긴 글을 보거나 이야기를 들어 보면 원하는 것을 다 가진 사람도 없고 언제나 행복한 사람도 없었다. 설사 원하는 것을 얻는다고 해도 그 행복의 시간은 찰나다. 그 원하는 것을 손에 넣으면 또 다른 욕심이 얼른 들어와 자리를 차지해 버린다. 그러니 인생에서 행복은 잠시 잠깐일 뿐이다.

　그렇다면 어찌하면 좋을까? 방법은 단 하나, 생각을 바꿔 보는 것이다. 어차피 다 채우지 못할 욕심이라면 조금 부족한 상태로 사는 것이 행복하게 사는 하나의 방법이다. 사람의 욕심은 우주의 욕심과 달라서 사욕이다. 누가 사욕을 채우면 그로 인해 피해를 보는 측이 생긴다. 그로부터 오는 시기와 질투, 모함 등은 필연적 불행으로 이어진다. 또한 욕심은 채우면 채울수록 더 크고 어려운 욕심을 추구하게 되어 욕심을 채우는 데 더 큰 힘이 든다.

너무 많이 모자라면 정말 불편하다. 사람이 너무 곤궁하면 마음이 위축되고 선애(善愛)도 일어나지 않는다고 한다. 그러니 너무 없는 것도 문제다. 100점 만점에 80점 정도 충족되면 만족하는 것이 좋다. 행복에서 돈이 차지하는 비중은 2017년 기준으로 연봉이 7천만 원 이하면 돈이 행복을 주는 조건이 되지만 그 이상은 그렇지 않다고 한다.

물건은 비싼 것이나 싼 것이나 필요한 것을 가졌을 때 행복하기는 마찬가지다. 행복은 욕심이 채워지는 순간에 느끼는 기분이다. 복권에 당첨이 되더라도 행복의 기간은 최대 3개월밖에 되지 않는다고 한다. 사람은 빠르게 그 새로운 환경에 적응하는 DNA를 가지고 있기 때문에 그렇단다. 비싼 것은 손에 넣는 순간 싼 것보다 쾌감이 더 크겠지만 그 비싼 것을 관리하는 문제에서 만만치 않은 걱정거리가 생긴다.

세상은 공평하여 많이 가지면 반드시 그에 상응한 반대급부를 요구한다. 지위가 높게 올라가면 그에 대한 시기, 질투, 모함 등의 반대급부를 동반하고 재산이 많으면 그 재산에 대한 관리뿐만 아니라 나눠 쓰자는 사람도 많다. 자기만족과 환호의 반대편에는 반드시 그에 상응하는 시기와 질투가 있기 마련이다.

소유에 대한 인간의 한없는 탐욕이 세상을 힘들게 한다. 좋은 집에 살아야 하고 좋은 차를 타야 하고 좋은 옷을 입어야 하고 좋은 것을 먹어야 하고 그렇게 해야만 잘 산다고 생각하는 것이 문제다. 우리에게 물질이 필요한 것은 그 물질이 우리의 삶에 주는 효용도와 관련이 있다. 그런데 그 본래의 목적은 온데간데없고 그 물질을 소유하는 것에 목적을 둔다.

세상은 과유불급이다. 좋은 것을 너무 많이 먹으면 반드시 배탈이 나고, 좋은 것을 너무 많이 가지면 그것을 지켜 내기 위한 근심이 생긴다. 좋은 집에 살면 조금 편리하기는 하겠지만 많은 사람들의 질투를 받게 되고, 좋은 차를 가지면 차가 손상될까 봐 걱정이 이만저만이 아니다. 비싼 다이아몬드 반지를 가진 사람은 그것을 보관하는 데 전전긍긍한다. 그러니 물질을 소유하는 데 드는 걱정과 근심이 너무 크다. 그러므로 이런 근심과 걱정에서 벗어나려면 물질 본래의 가치를 다시 한번 숙고하여 그것을 사용하는 데 목적을 두는 것이 바람직하다.

사실 자기가 소유한다고 해도 영원히 자기 것이 되는 것이 아니다. 한 사람의 인생은 길게 잡아야 80년 이하다. 자기 이름으로 등기를 해 두어도 자기가 살아 있는 시간 내에서 자기 것이다. 그러면 그 물질을 자식에게 물려주기 때문에 영원하지 않느냐고 말할지 모른다. 그건 모르는 소리다. 자식에게 물려준 재산은 얼마가지 않아서 다 날아가 버리고 자식은 오히려 부모에게 물려받은 유산 때문에 불성실한 사람이 되기 십상이다. 그러니 소유하기 위해 애쓰지 말고 있는 그대로 사용하는 데 목표를 두고 산다면 세상을 살아가는 것이 훨씬 여유로워지고 편안해질 것이다. 지금 당장의 이익보다는 궁극적 차원에서 파이가 극대화되도록 하는 방법이 뭔가를 찾아야 한다. 지금의 행위가 먼 후일에도 나에게 이익이 되고 나를 둘러싸고 있는 전체적 차원에서도 이익인지를 생각해 보고 그 결론에 맞춰 행동해야 한다.

말하기

우리는 언제나 말을 하고 산다. 말을 할 수 있다는 것은 인간이 가진 특권이다. 서로의 의사를 소통하는 수단으로써 말은 최고다. 이렇게 좋은 의사소통 수단이 부적절하게 사용되어 화를 부르는 일이 많다. 마음에서 우러나오는 진정성 있는 사과 한 마디면 넘어갈 수도 있을 일을 오만불손한 말 때문에 감방에 갇히기도 한다. 그래서 옛 현인들은 "말은 어눌하게 하고 행동은 민첩하게 하라."라고 일렀다.

우리는 대화를 하다 보면 상대의 톤에 따라 자신도 모르게 그 톤에 맞추게 된다. 상대의 목소리 톤이 올라가면 따라 올라가게 되고 같이 흥분하게 된다. 흥분하게 되면 감정이 격해져 이성적, 합리적 판단이 결여된다. 그 결과는 나중에 후회로 돌아온다. 따라서 말은 조곤조곤하게 하는 것이 좋다. 말을 조곤조곤하게 하면 이성적 뇌가 작동하기 때문에 논리적이 되어 실수를 방지할 수 있다. 그리고 흥분을 하지 않으니 여유가 있어 전체 맥락을 파악하기가 쉽다. 이렇게 말하는 습관을 들이게 되면 어느 누구도 만만하게 보지 않는다. 자신의 위치를 지키면서 대화에서 자신이 목적한 바를 얻을 수 있다.

　또한, 말은 가급적 삼가는 것이 좋고 하더라도 한 박자 늦게 말하는 것이 좋다. 그래서 "침묵은 금이고 웅변은 은이다."라는 말이 있다. 물론 모임에 가서 아무 말도 안 하고 가만히 앉아 있다가 오기가 쉽지 않다. 처음에는 분위기 파악을 하느라 가만히 있다가도 아는 주제가 나오면 자신도 모르는 사이에 끼어든다. 아마 잘난 체하고자 하는 속물근성의 발현이거나 아무 말도 하지 않고 있으면 화난 사람으로 오해받을까 봐서 끼어들기도 한다. 그렇지만 꼭 말을 해야 할 경우에는 다른 사람들의 말을 다 듣고 나서 말하는 것이 가장 좋다. 그렇게 하면 분위기와 맥락을 완전히 파악할 수 있을 뿐만 아니라 모르던 것도 다른 사람들로부터 그 내용을 알게 되어 자신의 생각을 더 잘 표현할 수 있다.

뿐만 아니라 말은 한 마디 한 마디 신중하게 하는 것이 좋다. 내가 이런 말을 하면 상대의 기분은 어떨 것이며 상대는 어떤 말을 할 것인가를 미리 생각해야 한다. 말을 잘하려면 역지사지(易地思之)[10]의 마음을 내서 내가 이런 말을 하면 당사자는 어떻게 생각하고 우리를 둘러싼 사회환경은 어떤 반응을 보일 것인지를 고려해야 한다.

화나고 억울한 일이 있을 때 성질대로 내지르면 속은 시원하다. 하지만 그렇게 하고 나면 반드시 후회한다. 속상하고 화나고 억울한 일을 당했을 때도 언제, 어느 곳에서 어떠한 방법으로 표현해야 하는지를 잘 선택해야 한다. 화난다고 함부로 말하거나 때려 부수고 나면, 대인관계의 감정 채권이 다 날아가 버리고 오히려 부채를 안게 된다. 화나고 억울할 때는 채권자지만, 함부로 말하고 나면 그 채권을 다 써 버린 꼴이 된다. 지나치면 오히려 부채를 지게 되어 감정 채무자로 바뀐다. 성질이 나서 함부로 말할 때는 감정이 고조되어 흥분 상태가 된다. 흥분하면 무리하게 되고 도를 지나치게 된다. 그래서 생각지도 못한 부채를 지게 되는 것이다.

우리나라 사람들의 성정이 대개 이렇다. 화가 나면 참지 못하고 함부로 말한다. 나중에 후회할 것이라는 생각 같은 것은 아예 하지 않는다. 그런 성정을 부추기는 문화가 우리 곁에 있다. "화끈해서 좋

---

10 "처지를 서로 바꾸어 생각함."이란 뜻으로, 상대방의 처지나 입장에서 생각해 본다.

다."라고 부추기는 문화가 그것이다. 정말 좋을까? 우선 당장은 좋겠지만, 엄청난 직·간접적 손해를 보게 된다. 지금 좋은 만큼 이자를 붙여 나중에 크게 손해를 보게 된다.

주변국 일본과 중국 사람들을 보면 그렇지 않다. 일본 사람들은 자신의 감정을 잘 드러내지 않는다. 중국 사람들도 마찬가지로 속내를 드러내지 않는다. 힘이 있어도 드러내지 않고 돈이 있어도 표를 내지 않는다. 이러한 사람들과 국가 생존과 번영을 위해 경쟁을 해야 하는 우리는 그 화끈한 성정 때문에 우리의 속내를 다 드러내고 있으니 어떻게 우리가 그들을 이길 수 있겠는가? 국력이 상대적으로 열세인 우리에게는 고도의 전략이 필요한데 우리의 속내를 다 드러내고 어떻게 전략을 만들고 구사할 수가 있겠는가? 아마도 주변국들은 이런 우리를 보고 속이 없는 바보로 생각할지도 모른다. 전략의 기반 자체가 형성되어 있지 않은 상태라고 봐도 무방하다.

특히, 정치인에게 말하기는 보통 사람들의 말하기와는 비교할 수가 없을 만큼 중요하다. 정치인에게 말은 곧 무기다. 말 한 마디로 표심을 움직이기 때문이다. 말로 먹고 사는 정치인은 말 한 마디가 가져올 영향력을 심도 있게, 정밀 분석하여 언제 어느 곳에서 어떤 말을 해야 할지를 정하고 사전에 리허설을 한 다음 말해야 한다. 그렇게 하려면 말하는 사람의 뒤에는 전략가가 있어야 하고 그 전략가의 지침과 방향에 맞게 글을 쓸 수 있는 스피치 라이터가 있어야 한다.

세계의 유명한 정치인들은 스피치 라이터를 따로 두고 단어 하나, 음절 하나에 공을 들이고 상황에 맞게 사용한다. 미국 링컨 대통령의 게티즈버그 연설이나 케네디 대통령의 취임 연설은 세월이 흘러도 사람들의 입에 오르내리고 있다. 고도의 전략적 계산으로 정제된 단어를 선별한 연설이었다. 이런 시스템이 없으면 좋은 호재를 만나도 제대로 활용하지 못하고 품위 없는 말을 함으로써 오히려 경쟁 상대에게 유리한 상황을 만들어 버린다.

그러므로 국가수반은 공식 행사에서 '원고에 없는 말을 하면 안 된다.'라는 것이 불문율이다. 고위 참모들의 전략적 판단을 기초로 스피치 라이터가 토씨, 쉼표, 음정까지 고려한 원고를 써서 제공한다. 그 틀을 벗어나면 의도한 전략에서 어긋날 수가 있으며 역풍을 맞을 수 있기 때문이다. 과거 우리나라 대통령 중에서도 격식 파괴를 좋아해서 참모들이 써 준 원고를 무시하고 즉석에서 연설을 가감하는 바람에 많은 문제를 일으킨 적이 있다. 이처럼 신중하게 앞일을 내다보면서 전략적으로 말하는 것이 좋다. 그런 준비가 되어 있지 않으면 차라리 침묵하는 것이 좋다.

정치 논쟁의 말은 더욱 세심한 주의가 필요하다. 내용물이 아무리 좋더라도 포장이 격에 맞지 않으면 고객들이 사지 않는 것처럼 비판의 내용이 정당하더라도 표현 방법이 저속하거나 격에 맞지 않으면 논쟁의 중심이 '내용'에서 '표현 방식'으로 이동한다. 본질은 사라지고 껍데기를 가지고 난타전을 벌이게 됨에 따라 본말이 전도되어 오히려 손해를 보게 된다. 그래서 정치인들의 말은 하고자 하는 내용이 잘 전달되어 공감을 얻을 수 있도록 품위 있고 세련되게 준비되어야 한다. 왜냐하면 사람들은 보통 저질스럽거나 비속어를 접하면 무시당하는 느낌을 받고, 저질스러운 집단에 속해 있는 불쾌감을 갖게 되기 때문이다. 일반적으로 그런 집단과 관련이 없는 사람일수록 존중받고 싶어 한다. 자기가 좋아하는 사람이 하는 말은 콩깍지가 씌어서 어떤 말이라도 괜찮지만 그렇지 않은 사람의 말은 상당히 객관적 입장에서 받아들인다. 정치는 중도층지지 획득 경쟁이라고 해도 지나치지 않다. 따라서 중도층이 반감을 사지 않을 언어를 선택하는 것이 좋다. 공격수의 입장에서 뱉었던 말들이 수비수가 되면 모두가 부메랑(boomerang)[11]이 되어 돌아온다. 그러므로 후일을 생각하면서 전략적으로 생각하여 말을 해야 한다.

먹고 마시기

사람에게 먹고 마시는 것보다 중요한 것은 없다. 몸을 유지하는 가

---

11 활등처럼 굽은 나무 막대기인데, 목표물에 맞지 않으면 제자리로 돌아오는 호주 원주민들의 무기이다.

장 기본적인 행위이기 때문이다. 건강하게 오래 살고 싶으면 몸이 필요로 하는 영양소를 적당하게 먹고 운동하고 스트레스를 받지 않으면 된다. 그러려면 몸이 균형을 유지할 수 있도록 몸의 각 구성요소와 기관이 필요로 하는 영양소를 알맞게 섭취해야 한다. 그런데도 사람들은 몸이 원하는 것은 생각하지 않고 입이 원하는 것만 찾아 먹는다. 단것과 자극적인 것, 고소한 것을 많이 먹는다. 당장 입이 좋아하는 것만 골라 먹는다.

또한, 너무 많이 먹지 않아야 한다. 많이 먹으면 먼저 위가 고생하고 다음은 장이 고생한다. 명절이나 잔칫날에는 많은 사람들이 너무 많이 먹고 마셔서 배탈로 고생한다. 그런데 이러한 행위가 반복, 누적되면 비만이 오고 이어서 당뇨, 고혈압 등 순환계 질환이 발생한다. 잘못된 식습관으로 평생을 고생한다.

술도 마찬가지다. 술도 절대적으로 나쁜 것은 아니다. 알맞게 마시면 건강에 도움을 주기도 한다. 술은 뇌세포를 죽이고 몸의 각 기관에 스트레스를 부여하고 술의 마취효과가 포만감을 느끼지 못하게 만들어 과음하게 한다. 우리 사회는 술에 너무 관대한 경향이 있다. 술에 취해서 저지른 행동에 대해서 지나친 관용은 과음하게 하는 문화로 자리했다. 회식 자리에서는 마치 술 마시기 경쟁을 하는 듯 마구 마셔 댄다. 몸 생각도 하지 않고 내일 아침 출근에 대한 생각도 하지 않고 오직 지금의 흥에 취해 무리한다.

일반적으로 건강을 해치는 것은 영양의 불균형과 몸이 받는 스트레스에 의해서다. 무리하게 먹음으로써 몸이 그것을 소화하고 걸러내느라고 스트레스를 받는다. 그 과정에서 세포는 늙고 스트레스가 과하면 세포가 견디다 못해 돌연변이로 변한다. 세포가 돌연변이로 변하는 것이 우리가 무서워하는 암이다. 지금 먹고 마시는 것이 미래에 몸에 어떤 영향을 주게 될 것인지를 생각해 보고 먹는 습관을 들이는 것이 좋다.

대인관계

우리의 전통문화 중, 특히 유교문화는 자신의 가족이나 자신의 편에 있는 사람을 낮추는 경향이 있다. 예를 들어 부인이나 자식을 자랑하는 것은 팔불출이라고 비난한다. 이러한 사고방식이 자연스럽게 가까운 사람에 대한 존중이나 존경의 마음을 없게 만든 것이지 싶다. 또 다른 이유는 가까이 지내다 보면 장단점 모두를 알게 되고 좋은 점보다는 좋지 않은 점이 더 크게 보이기 때문일 수도 있다.

기가 세서 그렇다는 말도 있다. 기가 세다 보니 남이 잘난 것을 보고 참지 못한다는 것이다. 본인이 잘나야지 남이 잘난 것은 두고 볼수가 없는 것이다. 가까이 있는 사람은 자신과 곧 바로 비교가 되기 때문에 남을 깎아내려야 하고 그러다 보니 좋은 점보다는 좋지 않은 점이 더 부각되는 것 같다. "사촌이 땅을 사면 배가 아프다."라는 속담이 있다. 사촌이라면 아주 가까운 친족인데 잘되는 것을 왜 싫어할까? 누가 어떤 모임에서 자신의 동창을 칭찬하면 대개 그 칭찬에 동조하기보다는 그 친구를 깎아내리는 경우가 더 많다. 특히, 여고 동창생이 잘되었다는 소리를 들은 아줌마들은 정말 참지 못한다. 심지어 자매간에도 그런 경우를 본다. 잘 아는 사람이 좋은 자리에 가거나 돈을 많이 벌면 겉으로는 축하하지만 속으로는 시기한다.

왜 그럴까? 그 답은 단 한 가지다. 잘 아는 사람 또는 같이 비교되는 사람을 '경쟁의 대상'으로 자리매김하였기 때문이다. 경쟁의 대상이 잘되니까 시기심이 생기는 것이다. 시기심이 생기면 갈등이 만들어져서 뇌의 안쪽 전두엽이 활성화된다고 한다. 이 안쪽 전두엽은 따뜻한 공감을 매개할 때에도 역시 활성화되는 부위인데, 매사 '시기'하는 마음이 가득하면 안쪽 전두엽이 따뜻한 공감의 마음을 위해 안쪽 전두엽이 일할 기회를 주지 못 한다고 한다.

시기심이 일어나면 스트레스로 인해 예민해져서 생기는 신경성 증상으로 인하여 실제로 배가 아프게 된다고 한다. 배가 아프지 않으려면 사촌이 땅을 사면 축하해 주고 진정으로 기뻐해 주면 된다. 어떻게 하면 될까? 전략적으로 사고하여 '잘 아는 사람'을 경쟁의 대상으로 생각하지 않으면 된다. 경쟁의 대상으로 생각하지 않으면 비교할 필요가 없어진다. 오히려 '내가 잘 아는 사람이 높은 지위에 오르고 돈을 많이 벌어 부자가 되면 나에게 도움이 되면 되었지! 손해 볼 것은 없다.'라고 생각하면 된다. 실제가 그렇다. 어려움에 닥치면 생판 모르는 남보다는 부모, 형제 다음으로 사촌이 도와줄 가능성이 가장 높다. 가까운 사람을 경쟁의 대상으로 생각하지 말고 같이 세상을 살아가는 동반자로 생각하면 정신 건강도 좋아져 오래오래 행복하게 살 수 있다.

그런데 크게 생각해 보면 가까이 있는 사람을 존중하는 것이 바람직하다. 가까이 있는 사람을 존중하는 것이 혜택을 받을 가능성이 높다. 멀리 있는 사람은 존중해 봐야 아무런 혜택이 없다. 한국 사람이 미국의 케네디 대통령을 존경해 봐야 그를 역할 모델로 해서 자신이 성장하는 데는 도움이 될지 모르겠으나 구체적으로는 아무런 이득이 없다. 부부간에 서로를 존중하면 가정이 화목해지고 자식을 존중하면 그 자식이 바르게 자라 재능을 크게 발휘할 것이다. 직장에서 옆자리의 동료를 존중하면 본인도 존중을 받을 것이고 그의 성품이 저절로 전 회사에 퍼질 것이다. 상관을 존경하면 자신이 하는 일에 재미를 느낄 것이고 상관도 자신을 인정해 줄 것이다. 부하를 존중하면 그 부하는 신이 나서 일을 할 것이고 자신을 존경할 것이다.

사람은 자신이 무시당하는 상황을 참지 못한다. 그래서 어디서든 아는 체하고 자신의 능력을 드러내고 싶어 한다. 그런데 많은 사람들은 상대의 능력을 보고 경외감을 갖는 동시에 시기심과 두려움을 갖게 된다. 권력자는 주변에 절대 자신보다 유능한 사람을 두지 않는다. 권력의 세계에서 유능한 2인자가 자라지 못하는 것은 이와 같은 이치다. 잘난 사람을 보면 하나는 시기심에서 같이 있고 싶지 않고 하나는 자신의 위치에 위협을 줄까 봐서 멀리한다. 그러므로 자존심을 죽이고 하심(下心)을 유지함으로써 동료나 상사로부터 같이 있고 싶은 사람으로 인식되는 것이 좋다.

일반적으로 자신이 동료들보다 유능하다는 것을 나타내 상사에게 자기를 드러내고자 하는 경쟁 심리가 작용하는데, 이것보다는 자신의 자존심을 죽이고 감춤으로써 동료들이나 상사가 경쟁자로 인식하지 않도록 하여 같이 있고 싶게 만드는 것이 더 유리하다. 직접 자신의 능력을 드러내 경쟁하는 틀보다는 자신을 낮춰서 자신을 좋아하게 만드는 것이 대성하는 방법이다.

경쟁의 시대가 가고 상생의 시대가 오고 있다. 상생의 시대를 살아가는 방법은 상대를 존중하고 상대를 재미있게 해 주는 것이다. 경쟁에서 얻는 이익이 전술적 차원이라면 상대를 기쁘게 해서 얻는 이익은 전략적 차원이다. 전술적 차원에서 얻은 이익은 상대가 호시탐탐 되찾아 가려고 한다. 그러나 전략적 차원에서 얻은 이익은 시간이 지날수록 배가 된다.

아이들 싸움

우리가 어릴 때 시골 동네에서도 아이들이 싸우는 경우가 흔했다. 변변한 놀이터도 없고 놀이기구도 없던 시절, 그저 골목길에서 놀던 시절이었다. 아이들이란 아직 미성숙한 상태이므로 사소한 것을 가지고도 싸운다. 그것은 어쩌면 자연스러운 성장과정이다. 그래서 '아이들은 싸우면서 자란다.'라는 말도 있다. 그때 어른들은 아이들 싸움을 대수롭지 않게 생각했다.

그런데 요즘은 자기 아이를 너무 사랑한 나머지, 자기 아이 편만 들고 상대 아이를 야단치거나 때리기까지 한다. 심지어 내 아이가 맞았다고 상대 아이를 심하게 질책하여 법적 처벌을 받았다는 보도도 있었다. "아이들 싸움이 어른 싸움된다."라는 말이 있는데 요즘 엄마들은 그렇게 한다. 도시화가 전개되면서 아파트 문화가 자리 잡아 이웃 간에는 왕래가 없어졌다. 동네 사람들이 모두 모르는 사람이 되었다. 그러니 평판에 대한 신경을 쓰지 않는다. 집마다 아이들이 한두 명뿐이니 왕자나 공주처럼 키운다. 미래를 내다보는 전략적 사고보다는 당장의 아픈 마음을 그 자리에서 풀어내는 각박하고 천박한 모습이 연출되고 있다.

그런데 예전의 엄마들은 그렇지 않았다. 그 당시 엄마들은 아이들이 싸우는 현장에서 내 아이보다 먼저 상대 아이를 챙겼다. 먼저 내 아이와 싸운 아이가 어디 다친 곳은 없는지 살펴보고 옷에 흙이 묻었으면 털어 주었다. 그런 다음 내 아이를 나무랐다. 아이를 집으로 데리고 와서 아무도 보지 않는 데서 꼭 안아 주었다. 세상에 어느 엄마가 자기 아이가 맞아서 울고 있는데 마음이 아프지 않겠나? 그런데 그렇게 했다.

왜 그랬을까? 엄마는 당장의 아픈 마음보다 먼 미래를 보았다. 엄마 자신과 아이 그리고 집안의 평판을 먼저 생각했다. 아이에게는 상대를 배려하는 것을 어릴 적부터 가르치려는 것이고 엄마 자신의 인격을 손상시키지 않으려고 했다. 그래야 내일 또다시 내 아이가 동네 골목길에 나가 놀 때 '왕따'를 당하지 않을 것이라고 생각한 것이다.

그리고 더 중요한 것은 가문에 대한 평판이다. 가문에 대한 이웃의 평판이 좋아야 혼인도 할 수 있다. 그 시대에는 가풍과 법도가 살아 있다는 평판이 있어야 그 사회에서 살아갈 수가 있었다. 내 아이만 챙기는 그런 용렬한 집안과는 혼인 같은 중대한 일은 할 수 없다는 것이 그때의 사회적 도덕 기준이었다. 당시의 엄마들은 학교에도 가 보지 않았지만 남의 아이보다 내 아이를 꾸짖어야 한다는 것을 알았다. 아이들이 싸우는 것을 해결하는 데도 미래를, 전체를 생각해서 처리하였다. 따라서 '남의 아이보다 내 아이를 꾸짖는 것'은 고도의 전략적 행위다.

주차시비

도시 지역에는 차는 많은데 주차장이 부족하다. 이웃 간에 주차 문제로 시비가 벌어지는 경우가 흔하다. 서로 조금만 양보하면 될 일을 감정의 증폭으로 살인까지 일어난 보도를 본 적이 있다. 자신의 주차 공간에 타인이 주차하고 있거나 바로 옆에 주차한 차가 너무 가까이 붙어서 드나드는 데 불편하면 화가 난다. 그 화를 참지 못해서 한 소리 하면 상대도 화를 낸다. 감정이 점증하여 마침내 싸움으로 발전하기 십상이다. '참을 인(忍)) 자 셋을 가슴에 간직하면 살인도 면할 수 있다.'라는 속담도 있다. 화난다고 성질대로 하면 반드시 후회한다.

아무리 화가 나더라도 참는 것이 좋다. 무슨 문제든 서로 간의 이해 속에서 합리적으로 푸는 것이 양자 모두에게 이익이다. 사람은 감정의 동물이니까 나의 감정이 고조되면 상대방도 감정이 높아진다. 감정이 고조되면 거친 말이 나오고 점점 증폭되어 욕설로 발전한다. 또다시 욕설이 싸움이 되고 싸움은 극단적으로 치달아 살인까지 가는 경우도 생긴다.

이럴 가능성을 미리 생각해 본다면 주차 문제해결을 위해서는 감정을 죽이고 부드럽고 예의 바른 말로 자신의 의사를 표현하는 것이 전략적이다. 화가 난다고 그대로 감정을 드러내면 궁극적으로 자신에게 손해다. 상대의 양보를 받아 내는 것은 어렵고 오히려 새로운 위기로 나타날 수도 있다. 자신에게는 심리적으로 스트레스로 작용하여 다른 일에도 부정적 영향을 미칠 가능성이 크다. 역지사지하여 상대방의 입장에서 말을 하는 것이 좋다.

미래에 일어날 일에 대한 것을 시뮬레이션하여 부정적이고 손해가 되는 일이 발생하지 않도록 자신을 통제하는 것이 전략적 사고다. 아주 사소한 문제를 자신의 감정을 통제하지 못해 돌이킬 수 없는 불이익을 만드는 것은 전략적 사고 부재에 그 원인이 있다.

운전하기

우리나라는 교통사고가 많은 나라다. 운전자들이 그저 빨리 가지 않으면 무슨 큰 난리라도 날 것 같은 강박 관념에 사로 잡혀있기 때문이다. 안전에 최우선 가치를 두고 운전을 하면 즐겁고 안전하게 목적지에 도착할 수 있다. 운전의 목적은 행선지까지 안전하게 가는 것이다. 그런데 가는 과정에서 필수적인 것이 안전 문제다. 안전하게 원하는 시간에 도착하는 것이 기본이다. 그런데 많은 사람들이 무조건 빨리 가려고 하고, 다른 차가 끼어드는 것을 참지 못한다. 안전은 고려하지 않은 채 곡예 경주를 하는 사람이 많다.

목적지에 안전하게 정시에 도착하기 위해서는 날씨와 행선지까지 가는 경로상의 교통사정 등을 미리 파악하여 예비 시간을 선정하여 출발하는 것이 좋다. 그리고 출발지부터 목적지 간의 도로와 차선을 알고 있다면 안전에 큰 도움이 된다. 운전할 때 앞에 전개되는 차선을 알고 있다면 우회전 혹은 좌회전을 하지 않아도 목적지를 갈 수 있게 미리 차선을 잡을 수 있다. 시내 교통사고의 대부분은 차선 변경 중에 일어난다. 차선을 변경하려고 미리 방향지시등을 켜고 들어가는데도 양보해 주지 않는다. 오히려 더 빠른 속도로 달려와 차선 변경을 막는 경우가 많다. 또 반대의 경우는 차선 변경의 여유가 없는데도 무리하게 밀고 들어오는 경우도 있다. 이 두 가지 경우 모두 교통사고가 날 가능성이 높다.

아마도 누가 자기 앞을 막으면 자존심이 상해서 기분이 나빠지는 모양이다. 이런 상황이 심해지면 보복 운전으로 발전한다. 법으로 엄연히 금지되어 있지만 자신의 성질을 이기지 못해 보복 운전을 하다가 차에서 내려 주먹다짐을 하기도 한다. 폭행죄로 구속되기도 하고 병원 신세를 져야 하는 경우도 있다. 그렇게 사고를 치고 나면 보험금도 오른다. 손해가 이만저만이 아니다. 그런데도 참지 못하고 일을 저지른다. 보복 운전 후 벌어질 일들을 생각해 보면, 다시 말해 전략적으로 사고해 보면 양보하는 것이 개인적으로도 좋고 사회적으로도 좋다는 결론을 얻을 수 있다.

　운전은 마음의 여유를 가지고 천천히 가는 것이 좋다. 빨리 가겠다고 요리조리 차선을 넘나들면서 달려가 봤자 신호등 앞에서 모두 대기하게 된다. 헬기를 타고 하늘에서 내려다볼 기회가 있었는데 오만 가지 곡예 운전을 해서 달려간 차가 결국은 신호등 앞에서 정차해 있었다. 설사 그 곡예 운전이 성공한다고 해도 겨우 수분 정도 빠를 뿐이다. 꼭 그렇게 빨리 가야 할 일이라면 좀 더 시간적 여유를 가지고 출발하는 것이 전략적이다.

　운전은 목적지에 안전하게 정시에 도착해서 어떤 일을 하기 위한 중간 단계일 뿐이다. 목숨을 걸고 위험한 운전을 할 이유가 전혀 없다. 누가 차선을 변경하고자 할 때, 너그럽게 받아 주면 차선을 변경한 운전자는 고맙다는 신호를 보내온다. 그런데 차선 지키기 경쟁을 하다가 사고가 나거나 날 뻔하는 순간에는 스트레스가 상승한다. 반대로 마음의 여유를 가지고 차선 변경하려는 차의 진입을 양보하면 감사하다는 시그널[12]을 받는다. 감사하다는 인사를 받을 일이 별로 없는 각박한 세상에서 그것은 선물이다. 모든 사람이 이런 방식으로 운전하면 교통사고 없는 나라가 될 수 있다.

12　인사성 표시로 양쪽 방향 표시등을 두 번 깜박이는데 운전 교양예절로 자리 잡고 있다.

위급 상황 시 행동

우리는 무슨 일이 일어나면 쉽게 흥분한다. 누가 물에 빠지면 곁에 있는 가까운 사람은 수영을 할 줄 몰라도 무조건 물속으로 뛰어들고 본다. 같이 허우적거리다가 둘 다 사망한다. 여름철 물놀이 사고에서 흔히 일어나는 일이다. 구조하는 사람은 당연히 안전조치를 하고 구조하러 들어가야 하는데 앞뒤 가리지 않고 우선 물에 뛰어들고 본 결과다.

우리나라 사람들은 전장에서도 마찬가지다. 전우가 적의 총탄에 맞거나 쓰러지면 자신의 위험은 아랑곳하지 않고 벌떡 일어나서 적을 향해 총을 난사한다. 한국 전쟁 영화에서 자주 보는 모습이다. 그 말도 안 되는 상황에 용감하다고 박수를 친다. 그것이 우리의 정서다. 그런데 합리적 사고의 사회적 토양에서 자란 사람들은 절대 그렇게 하지 않는다. 서양 영화에선 그런 모습을 볼 수 없다.

무슨 일이 벌어지면 당황해서 허둥지둥하지 말고 차분하게 해결책을 생각해야 한다.

사고가 나면 2차 사고방지를 위한 조치를 먼저 취하고 구조에 나서야 한다. 사람이 물에 빠지면 구조 훈련을 받은 안전 요원이 있는지 확인하고 준비된 구명대 유무를 파악해야 한다. 그런 다음 어느 방향으로 어떻게 구할 것인지를 정하고 구조에 임해야 한다. 아무 생각 없이 무조건 물로 뛰어들었다가 구조도 못하고 오히려 2차적인 대형 사고가 나는 어리석음을 범해서는 안 된다.

투표하기

우리가 사는 민주주의 국가에서 투표는 대단히 중요하다. 올바른 국가관을 가진 사람을 지도자로 뽑아야 한다. 미래를 생각하고 전체를 생각하는 관점으로 투표하여 나라의 미래를 책임질 수 있는 훌륭한 지도자를 선출해야 한다. 그런데 투표를 잘 하는 것이 쉽지 않다. 후보자들은 선거 때만 "자신이 나라의 상머슴이 되겠다."라고 동분서주하면서 떠들다가 당선되고 나면 180도 달라진다. 유권자는 매번 속는다. 후보자는 누구나 당선에 목을 맨다. 당선을 위해서 수단과 방법을 가리지 않고 법이 허용하는 범위 내에서 무엇이든지 하고 싶은 것이 인지상정이다.

유권자는 공약을 보고 투표하는데 그 공약이 참인지 거짓인지를 분간할 수가 없다. 후보나 그 후보를 지지하는 자들은 할 수만 있다면 유권자들을 호도하려고 한다. 우선 표가 급하기 때문이다. 각 후보들은 저마다 법의 테두리 내에서 '참인지 거짓인지 불분명한 공약'

을 쏟아 낸다. 그런데 그것을 판별하는 것은 유권자의 몫이다. 그 공약들을 평가하는 학자들이 있긴 하지만 그들의 말을 믿을 수가 없다. 그들은 어느 한편의 시각으로 평가하는 경우가 많고 그들도 사실은 잘 모른다.

후보들이 내놓은 공약들이 참인지 거짓인지는 그 공약들을 전략적으로 생각해 보면 금방 알 수 있다. 공약들을 미래성 차원에서 살펴보면 그것이 가능한 것인지 아니면 표를 얻기 위한 거짓말인지, 그리고 어떤 분야의 공약이 전체성 차원에서 보면 그것이 참인지 거짓인지 가려낼 수 있다. 현대 사회는 각 분야가 지극히 상호의존적이기 때문에 즉, 하나의 분야가 독립적으로 존재할 수가 없기 때문에 가능하다. 예를 들어 서민들을 위해서 오랫동안 쌀값을 동결했더니, 농민이 죽을 지경이고, 골목상권을 보호한다고 대형마트에 강제로 휴무제도를 도입했더니, 대형마트 납품업자가 못 살겠다고 거리로 뛰쳐나온다. 현대 사회는 이런 식이다. 이런 현상을 풍선효과(balloon effect)[13]라고 한다. 그러니 우리 유권자들은 후보들이 목청껏 외치는 그들의 공약을 시간적으로, 공간적으로 판을 키워 보고 어느 공약이 참인지 거짓인지를 가려서 투표해야 한다.

---

13 풍선의 한 곳을 누르면 다른 곳이 불거져 나오는 것처럼 문제 하나를 해결하는 대신에
    또 다른 문제가 생겨나는 현상을 말한다.

그리고 연고주의에서 벗어나야 한다. 아는 사람이면 무조건 찍는 어리석음에서 탈출해야 한다. 그리고 진영논리를 뛰어넘어야 한다. 내편이니까 아무리 나쁜 짓을 해도 예쁘다고 해서는 안 된다. 연인을 선택하는 것이 아니고 나랏일을 할 일꾼을 뽑는 일이다. 따라서 이리저리 따져 보고 신중하게 선택해야 한다. 물건을 고르거나 부동산을 고를 때는 이리 재고 저리 재서 잘 선택한다. 그런데 나라 일꾼을 뽑는 선거에서 투표할 때는 따져 보지 않고 아무렇게나 선택한다. 사실은 투표 결과가 나의 삶을 규제할 수 있는데도 나와는 상관이 없다는 것처럼 투표한다. 만일 헌법을 자유 민주주의에서 인민 민주주의로 바꾼다면 여러분의 삶은 180도 달라질 것인데도 괜찮다는 건가? 내자식이, 손자들이 힘들고 가난하게 살아도 괜찮은 건지 살펴봐야 한다. 역사적으로 우리가 주인으로 권리를 행사해 본 경험이 길지 않아서 선거가 내 삶을 돌봐 주는 일꾼을 뽑는다는 의식이 부족하다. 내가 돈 내서 그들의 봉급을 주는데도 별 관심이 없다. 유권자는 자기가 뽑아 놓고도 높은 사람이라고 여기고 쩔쩔맨다. 생각을 바꿔야 한다. 국민들이 자신의 권리를 당당하게 주장하고 행동해야 한다.

요컨대, 우리는 모두 신중하게 투표해야 한다. 자기 잇속 채우려는 사람은 빼고 정직하고 헌신적으로 일할 것 같은 사람, 손자들을 위해 지금보다 더 행복한 나라를 만들 것 같은 후보자를 뽑아야 한다. 그래야 정치인들이 국민을 두려워한다. 정치가 마음에 들지 않는다고 거리로 나가 시위할 필요 없다. 조용히 있다가 투표할 때 우리나라가 잘되도록 할 사람을 선택하면 된다. 요란하게 떠들 필요 없이 법에 보장된 투표권을 냉철하게 행사하면 된다. 투표는 정치인들을 가장 손쉽고 합법적으로 혼내는 방법이다. 그래야만 정치인들이 국민을 두려워한다. 투표를 잘하면 편안한 삶을 살 수 있다.

주말 골퍼의 라운딩

주말 골퍼들이 골프를 하는 목적은 친목과 건강 유지다. 그럼에도 라운딩이 시작되면 승부 근성이 나타난다. 누구나 경쟁에서 이기고 싶은 것은 오래 잠재된 본능이다. 그러나 그 본능을 억제하지 못하면 라운딩 본래 목적을 상실하게 된다. 그러므로 당장 눈앞에 펼쳐진 게임보다는 동반자를 배려하는 것이 좋다. 가장 훌륭한 주말 골퍼는 매너가 먼저고 스코어가 다음이다. 골프에서 매너는 정해진 룰을 잘 지키고 애매할 경우에는 자신에게 불리하게 적용하면 된다. 원래 골프는 신사운동이기 때문이다.

라운딩 후에 동반자는 평가를 받기 마련이다. 그런데 그 평가가 대체로 골프 테크닉에 대한 것보다는 라운딩 중에 나타났던 언행에 대한 평가다. 골프 라운딩은 시작부터 헤어지기까지 거의 7~8시간이 걸린다. 거의 하루에 해당한다. 이처럼 긴 시간동안 같이 지내기 때문에 서로의 장단점이 쉽게 노출된다. 특히, 게임 중에는 인간적 본성이 나타날 가능성 또한 높다.

　라운딩하면서 너무 까다롭게 하지 않는 것이 좋다. 예를 들어 퍼팅은 넉넉한 마음으로 컨시드(concede)[14]를 주는 것이 좋다. 컨시드 거리에 너무 정확하게 집착하면 용렬스러운 사람이 된다. 불가피하게 내기를 할 경우에도 돈을 따려고 하지 마라. 혹시 돈을 따더라도 절대 주머니에 넣지 마라. 그날 경비에 사용하든지 아니면 돌려줘라. 돈 잃고 기분 좋은 사람은 없다. 돈 몇 푼 따고서 그 몇 배로 인품이 손상되거나 친목효과를 반감시킨다. 그리고 라운딩 중에 동반자를 가르치려고 하지 마라. 사람은 조금 알면 그것을 나타내고 싶어 한다. 건방지게 보이거나 상대를 기분 상하게 하기 십상이다. 만약 상대가 물어 오면 간략하게 자신의 의견을 제시하는 선에서 그쳐라. 라운딩 중 대화는 가능하면 골프 이외의 주제로 하되, 야한 이야기는 품위를 손상시킨다는 것을 명심하라. 교양이나 멋을 느낄 수 있는 주제를 선택하고 논쟁이나 토론은 피하는 것이 좋다.

14　퍼팅 시 볼이 홀 근처에 가면 홀인이라고 보고 플레이를 진행한다. 영어로 양보라는 뜻의 의미를 가진다. 주말 골퍼들 사이에서는 오케이(OK)라고 쓴다. 1타를 추가하고 홀인을 인정한다. 게임진행을 빠르게 하기 위한 방법이다. 프로 게임에서도 매치 플레이에서는 컨시드를 쓴다.

플레이는 정직하게 하는 것이 최선이다. 누구나 라이[15]가 좋지 않으면 개선하고 싶은 욕구가 생긴다. 이 유혹을 떨쳐 버리는 것이 전략적이다. 라이를 개선하고 나서 결과가 좋은 경우가 별로 없다. 특히 헤저드나 벙커에 빠진 경우에 라이를 개선하고 나면 뭔가 마음이 편하지 못하여 샷이 급해지거나 힘이 들어간다. 그러면 그 샷은 실패할 확률이 높다. 심지어 벙커에 빠진 작은 위기가 불편한 마음 때문에 더 큰 위기를 불러올 수도 있다.

OB가 났을 때도 주의해야 한다. OB가 난 지역으로 가서 공을 찾는데 공이 없으면 난감하다. 만약 유혹에 못 이겨 주머니의 볼을 꺼내서 볼이 살았다고 하면서 쳤을 경우 그 볼이 좋은 방향으로 갈 확률 역시 지극히 낮다. 골프는 원래 멘탈 게임이기 때문에 불편한 마음으로 날린 샷이 좋을 가능성은 거의 제로다. 오히려 벌타를 받고 치는 것이 마음이 편해서 더 나은 결과를 얻을 수 있다. 유혹을 사전에 차단하기 위해 여분의 볼을 주머니에 넣고 다니지 않는 것도 하나의 좋은 방법이다.

그리고 드롭도 마찬가지다. 주말 골퍼들 간에는 적당히 하는 경우가 많다. 자신에게 불리한 방향으로 드롭하면 문제가 없다. 동반자의 양해가 있더라도 규정대로 정확하게 드롭하는 것이 주말 골프 모

---

15 골프공이 놓인 상태를 말한다.

임의 목적에 적합하다.

퍼팅을 할 때에도 조심해야 한다. 볼을 마크할 때 조금이라도 홀에 가까이 하려고 마커를 볼에 들이밀거나 볼을 다시 놓을 때 홀에 더 가까이 놓으려고 하지 마라. 그래 봐야 겨우 몇 센티미터에 불과하다. 그것이 퍼팅 성공에 영향을 미치지도 않는다. 공연히 마음만 불편하고 동반자들로부터 공정하지 못한 사람이라는 평가를 받기 쉽다.

동반자는 보지 않는 것 같지만, 다 보고 있다. 다만 말을 하지 않고 있을 뿐이다. 그러면서 동반자는 속으로 그 사람에 대한 평가를 하고 있다. 만약 동반자가 사업관계에 있다면 라이를 개선한 사람에 대한 신뢰도를 하향 조정할 것이다.

동반자에 대한 배려가 중요하지만 스코어가 너무 나쁘면 아무리 동반자를 기분 좋게 해 주려고 해도 잘되지 않는다. 따라서 플레이도 잘해야 한다. 실력이 갑자기 향상되지는 않지만, 플레이를 전략적으로 운영하면 멘탈을 좋게 하고 편하게 샷을 할 수 있어서 좋은 스코어를 얻을 수 있다.

골프에서 가장 중요한 것은 퍼팅이고 그 중에서 숏 퍼팅이 가장 중요하다. 그러므로 마지막 퍼팅을 고려하여 플레이를 하는 것이 좋다. 숏 퍼팅은 반드시 성공할 수 있는 거리에 붙일 수 있게 그린 주변에서의 숏 어프로치나 롱퍼팅을 해야 한다. 그리고 어프로치 샷은 온 그린을 향해서 혹은 온 그린을 실패하더라도 숏 어프로치가 쉬운 곳으로 향해야 한다. 마지막으로 티샷은 페어웨이 중앙 또는 어프로치 샷이 유리한 곳으로 보내는 것이 좋다. 멀리 치는 것이 중요한 것이 아니다. 파 5홀에서 OB가 많이 나는 이유는 멀리 보내겠다고 너무 강하게 치다가 난 사고다. 사실 강하게 쳐서 잘 맞았을 경우에도 기껏 10 여 미터 더 나갈 뿐인데, 그 볼이 러프에 떨어지면 10여 미터 더 나간 것이 아무 의미가 없다.

그리고 절대 무리를 하지 말라는 것이다. 더 멀리 보내겠다고 온 힘을 다해 친 샷이 결과가 좋은 적이 별로 없다. 골프는 누가 실수를 적게 하는가 하는 확률의 게임이다. 그러므로 무리하지 말고 가급적 돌아가는 것이 좋다. 페어웨이를 벗어난 볼이 놓인 자리가 그린으로 바로 갈 수 없는데도 무리하게 시도하다가 나무에 맞거나 헤저드에 빠져서 돌아갔으면 보기로 끝날 것을 더블, 트리플 보기를 하고 후회하는 경우가 많다. 무리는 사고를 낳고 그 사고는 위기를 부르게 되어 있다. 따라서 무리하지 말고 돌아가는 것이 전략적이다. 그린이 보이지 않으면 레이 업을 하는 것이 현명하다. 그러면 최악의 경우에도 보기로 막을 수 있다. 그렇게 확률적으로 플레이하는 것이 좋다.

자살 방지

    세계에서 자살 1위국이 우리나라다. 2018년에 10만 명당 26.6명이 자살하였다고 한다. 이것은 OECD 평균 11.5명의 두 배가 넘는다. 2017년 한 해에 13,670명이 자살하였다고 한다. 하루에 35.7명이 자살한 셈이고 매 38분마다 1명이 자살한 꼴이 된다. 사실 엄청난 국가적 손실이고 국가 위신의 문제이기도 하다. 교통사고로 사망하는 사람은 이제 많이 줄어들어 연간 4,000명 수준이다. 이와 비교해 보면 자살자가 엄청나다. 교통안전에 대해서는 그간 많은 노력을 한 덕분에 2008년에 비해 1/3 수준으로 줄었다.

    그런데 자살 방지에 대해서는 눈에 띄는 노력이 보이지 않는다. 자살 뉴스를 들으면 안타깝다. 특히, 유명인 자살 소식을 들으면 더 안타깝다. 자살한 본인의 생명도 안타깝지만 남은 가족들은 어떻게 하나? 그리고 주변 사람들의 마음에 남은 상처는? 그리고 남은 사회적 열패감과 자살의 원인에 대한 분노의 축적은 우리 사회를 더욱 삭막하게 한다.

    자살은 왜 하는가? 이유는 개인적 성격, 그 사회가 가지는 자살에 대한 인식 등의 다양한 이유가 있겠지만 가장 근본적 이유는 눈앞의 고통을 이겨낼 수 있다는 희망이 없기 때문이다. 더 근본적으로는 죽으면 고통을 회피할 수 있다고 생각하기 때문이다. 그러므로 아무리 어려움에 처해도 희망을 잃지 않으면 자살을 하지 않을 것이라는 가설이 성립한다. 따라서 가까운 사람들이 손을 내밀어 도와주고 용기를 주고 따뜻한 위로와 격려가 있으면 자살을 하지 않을 수도 있다고 생각한다. 그런데 그보다 더 중요한 것은 본인 자신이다. 세상을 긍정적으로 보면 자살을 하지 않는다.

빈손으로 이 세상에 태어나 한평생을 살아가면서 힘든 고비를 겪지 않는 사람은 없다. 힘들 때 "에이 죽어 버릴까."라는 말을 한두 번도 안 해 본 사람 있겠나? 그래서 선인들이 인생을 고해(苦海)라고 했다는 사실을 인정하고 '나만 힘든 것이 아니다.'라는 생각을 하면 된다.

아무리 힘들어도 그 순간을 넘기면 해결이 된다. 하늘이 무너져도 솟아날 구멍이 있다고 생각하고 '이 또한 지나가겠지!'라고 생각하면 된다. 일체유심조라는 말이 있듯이 마음먹기에 달려있다. 그런데 이런 말들이 사고의 습관이 되어 있지 않으면 잘 안 된다. 지금 당하고 있는 죽을 것 같은 고통을 내 인생의 판을 키워 멀리 크게 보면 해결책이 보인다. 아무리 큰 고통일지라도 크게 생각해 보면 미미한 것이고 멀리 생각해 보면 지금보다 나아질 것이라는 것을 알 수 있다. 세상은 사인커브형태로 변하므로 죽고 싶을 만큼 힘든 고통의 시간은 더 이상 내려갈 수 없는 바닥이므로 나아질 일만 남았다. 그러니 그게 바로 희망이다. 그러니 우리 모두 전략적 사고를 습관화하면 자살 없는 세상을 만들 수 있다. 그 힘든 고통을 전략적으로 사고하면 자살예방의 특효약인 '희망'을 발견할 수 있다. 전략적 사고의 장점 중의 하나인 긍정성을 발휘하면 자살을 방지할 수 있다.

STRATEGIC THINKING

전략적으로 사고하며 살았던 사람들

노나라의 공의휴

옛날 중국 노나라의 재상 공의휴는 생선을 무척이나 좋아했다고 한다. 그래서 온 나라의 백성들이 일부러 생선을 사서 그에게 선물했다. 그러나 공의휴는 생선을 일체 받지 않았다.

그러자 그의 동생이 의아하게 생각하고 물었다. "형님은 생선을 좋아하시잖아요. 그런데 왜 생선 선물을 받지 않으시는 겁니까?" 그러자 형이 대답했다. "저들이 갖다 주는 생선을 받지 않는 것은 내가 정말 생선을 좋아하기 때문이다. 그것을 받으면 나는 그들에게 신세를

진 셈이 되지. 그런 부담감을 느끼면 언젠가 법을 왜곡해야 하는 경우가 생길 거다. 법을 왜곡하면 재상의 자리에서 밀려날 것이고 재상에서 밀려나면 돈이 없어서 더 이상 생선을 사서 먹지 못할지도 모르지 않나? 반대로 저들에게 생선을 받지 않으면 재상에서 밀려나는 일도 없을 것이고 그러면 언제든 생선을 사서 먹을 수 있겠지."

공의휴는 좋아하는 생선을 오래도록 먹기 위하여 당장 눈앞의 이익보다는 먼 후일의 이익을 생각한 것이다. 전략의 속성 중의 하나인 기획성 중의 '미래성'이 그의 행동에서 보인다. 많은 공직자들이 새겨들을 만한 말이다.

지금 당장 생선을 많이 먹으려 하다가 그 생선 선물 때문에 재상에 밀려나서 자기가 좋아하는 생선을 먹지 못하는 것보다 생선 선물을 받지 않음으로써 재상의 자리에 오래 머물면 자기가 좋아하는 생선을 오래도록 먹을 수 있다고 판단하였다. 현명한 판단이지 않은가? 공의휴처럼 지금 당장의 이익에 집착하지 않고 먼 후일에 일어날 일을 예견하고 행동하는 것이 바로 전략적 사고의 결과다.

미국의 케네디와 트루먼 그리고 루즈벨트

1941년 케네디는 하버드법과대학원 재학 중 육군 장교 후보생 시험과 해군 장교 후보생 시험에서 잇따라 낙방하였다. 그는 억만장자 아버지에게 애절한 편지를 썼고 아버지는 정계와 군의 인맥을 움직여 아들을 해군에 집어넣었다. 모두가 2차 세계대전에 참전하는데 이 국민 대열에서 낙오하게 되면 장래 나라의 지도자는커녕 어떤 공직에도 갈 수 없는 것이 당시 미국의 도덕률이었다. 이렇게 해군에 들어가 훗날 남태평양 전투에서 큰 부상을 입은 그는 평생 진통제와 각성제의 힘으로 살았다.

또한 트루먼은 안경이 없으면 장님과 마찬가지인 지독한 근시였다. 그런 그가 1차 세계대전에 포병 대위로 프랑스에서 싸웠다. 시력 검사표를 달달 외워서 신체검사를 통과한 덕분이다.

미국 루즈벨트 대통령의 아들 제임스 루스벨트는 2차 대전 때 해병대 제2 기습대대에서 복무 중 마킨 제도의 일본군 기지를 기습하는 매우 위험한 작전을 앞두고 이 작전에서 제외한다는 통보를 받았다. 이유인즉 만약 현직 대통령의 아들이 일본군의 포로가 되거나 전사하거나 하면 일본군은 이를 대대적으로 선전하고 전쟁에 이용할 것이기 때문이다. 그러나 그는 완강히 거절했다. 니미츠 해군 제독까지 나서 설득했지만 실패하자 아버지인 루즈벨트 대통령에게 이를 만류토록 건의하였다. 대통령은 해군 참모총장 킹 제독에게 말했다. "내 아들은 제2 기습 대대의 장교다. 내 아들이 위험한 특공작전에 가지 않으면 누가 그 작전에 가겠는가?" 킹 제독에게 그를 특공작전에 참가시킬 것을 지시했다. 루즈벨트 대통령의 네 아들은 모두 이런 식으로 2차 대전에 참전하였다.

그들은 왜 위험을 무릅쓰고 노블레스 오블리주(noblesse oblige)[16] 정신을 지키려고 애를 썼을까? 그것은 미국 사회가 그것을 강력하게 요구하고 있기 때문이다. 신분에 걸맞은 행위를 하지 않았을 때는 지도자로서 자격이 없다고 여긴다. 그러므로 미래 국가 지도자가 되기로 마음먹은 사람은 현재 당장의 위험보다는 미래 자신이 목표로 하는 국가 지도자가 되기 위하여 그 위험을 받아들이는 것이다.

일본의 이나모리 가즈오

일본에서 대기업 교세라를 일군 후, 모든 것을 훌훌 털어 버리고

---

16 사회 고위층 인사에게 요구되는 높은 수준의 도덕적 의미. 즉, 높은 사회적 신분에 상응하는 도덕적 의무를 뜻하는 말이다. 초기 로마시대에 왕과 귀족들이 보여 준 투철한 도덕의식과 솔선수범하는 공공 정신에서 비롯되었다.

불교에 입문하여 인생이 무엇인가를 공부하다가 다시 환속하여 기업가들에게 컨설팅을 하고 있는 이나모리 가즈오라는 분이 있다. 그는 젊은 시절 몸도 아프고 여러 가지 어려움 속에서 대학을 졸업한 후 중소기업에 들어갔다. 도산 직전에 처한 아주 어려운 세라믹 공장이었다. 다른 사람들이 다 떠나간 공장에서 심혈을 기울여 연구한 결과 세계에서 가장 먼저 '파인 세라믹'을 개발하게 되었다. 이를 계기로 그는 기업가로서 크게 성공하였다. 그는 기업은 이타정신(利他情神)으로 해야 한다는 생각을 항상 가지고 있었다. 본인 자신을 위해 돈을 버는 것이 아니라 '남을 위해서! 사회를 위해서!'라는 생각으로 기업을 이끈 결과 그는 항상 성공했다고 한다.

이동통신 업계에 뛰어들 때도 일본 국민들이 값싸게 이동통신을 이용하게 해야겠다는 생각으로 시작하였다. 그 결과 엄청난 이익을 내고 성공했으며 그는 이 세상을 위해 노력한 사람을 위한 교토상을 제정하여 수여하고 있다. 이나모리 씨는 항상 이타주의, 사랑, 겸손, 등은 우주의 의지[17]라고 말하면서 우주의 의지대로 생활하고 행동하

---

17 이 우주가 만들어지는 과정에 대해서 현재까지의 이론은 빅뱅이론이 가장 우세한 것 같다. 빅뱅이 일어날 때 만물을 이루는 물질인 원자가 이 지구상에도 떨어져서 그것이 점점 분자로 만들어지고 이 분자가 고분자화하여 세포로 성장 발전하였다고 한다. 이 세포는 네 가지의 문자로 이뤄진 DNA가 배열하는 방식에 따라 생물이 되는데 인간은 그 중에서 가장 진화된 존재라고 한다. 그리고 이 존재는 앞으로도 계속 발전할 것이며 이는 물질적 육체뿐만 아니라 정신도 같이 진화한다는 것이다. 이 세상에 태어나서 가장 바람직한 것은 이 정신이 태어나기 전보다 얼마나 더 발전했는가에 있다는 것이다.

면 반드시 성공한다는 말을 하고 있다.

이마모리 가즈오 회장은 멀리 크게 생각하고 행동한 사람이다. 지금 당장의 이익보다는 먼 후일 많은 이익을 내면서 필연적으로 돌아오게 만드는 시스템을 장치하고자 했다. 이기적인 무한경쟁의 틀에서 탈피하여 기업 이익을 종업원이나 사회를 위해서 쓰겠다는 이타적 경영으로 기업 경쟁의 틀을 바꿈으로써 가능했다.

설계가 크리스토퍼 렌

영국의 르네상스 인물인 크리스토퍼 렌은 1688년 웨스트민스터시의 시청 건물을 설계했다. 그런데 시장은 2층의 바닥이 너무 약해서 1층에 있는 자신의 사무실이 무너지는 것이 아니냐며 걱정을 하면서 과민 반응을 보였다. 그러면서 두 개의 돌기둥을 세워 2층을 지지해 달라고 요구했다.

뛰어난 공학자인 렌은 기둥을 추가할 필요가 전혀 없으며 시장의 걱정이 아무런 근거가 없다는 것을 알고 있었다. 하지만 그는 기둥을 세웠고 시장은 무척 고마워했다. 몇 년이 지난 뒤에 높은 작업대 위에서 일을 하던 인부들은 두 기둥이 천장에 닿지 않는다는 사실을 발견했다. 두 기둥은 오로지 장식에 불과했던 것이다. 그렇게 함으로 써 두 사람 모두 자신이 원했던 것을 얻었다. 시장은 안심할 수 있었 고 렌은 자신의 설계에 추가적인 기둥은 불필요하다고 판단했다는 사실을 후세 사람들도 이해할 수 있도록 은밀하게 장식 기둥을 설치 하였다.

만약 렌이 시장에게 자신의 공학적 전문지식을 동원하여 '두 기둥 이 필요 없다.'라는 사실을 이해시키려고 논쟁을 했다면 두 사람 모 두 불만이었을 것이다. 렌은 시장을 결코 이해시킬 수 없었을 것이며 시장 역시 자신의 권위를 유지하지 못했을 것이다.

상대가 방어적 태도를 취하는 논쟁으로 경쟁을 벌이는 것보다는 상대가 방어적 태도를 취하지 않을 뿐만 아니라 진실이 쉽게 눈으로 보이는 행동으로 상대를 이해시키는 것이 현명하다.[18] 렌은 시장과 진실 공방 논쟁으로는 상대를 설득할 수 없다는 사실을 알았다. 기둥 을 세움으로써 시장의 권위를 세워 주면서 순조롭게 공사를 완공하 고 자신의 주장이 옳았다는 것을 증명하는 방법으로 기둥과 천장 간 에 공간을 두었던 것이다.

---

18 자신의 생각을 행동으로 보일 때의 이점은 상대가 방어적인 태도를 취하지 않기 때문에 그를 더 쉽게 설득할 수 있다. 상대에게 전달하려는 의미를 물리적으로 느끼게 할 경우, 그것은 말보다 훨씬 더 설득력이 강하다. 진실은 대체로 눈에 보이지 귀에는 들리지 않 는다는 말이 있다.

지혜로운 화가

애꾸눈에 외다리이면서 난쟁이 몸을 가진, 자존심이 아주 강한 왕이 있었다. 어느 날, 그 왕이 그 나라 제일의 화가를 불러 자신의 초상화를 그리게 했다. 화가는 왕의 의중을 추측하여 다리 둘에, 두 눈에, 보통 키의 정상인을 그렸다. 이를 본 왕은 우롱당한 듯한 모욕감을 느끼고 그 화가를 죽여 버렸다.

다음에 불려 온 화가는 먼저 왔던 화가의 운명을 알았기에 현실의 모습 그대로의 왕을 그렸다. 애꾸눈에, 다리가 하나밖에 없는 난쟁이가 그려진 그림을 보고 왕은 낙심했고 그 절망이 분노로 변하여 화가의 목을 베어 버렸다.

세 번째로 불려온 화가는 이 상황에서 도무지 살아날 방도가 없었다. 그렇지만 침착하게 심호흡을 하면서 살아날 방도를 곰곰이 생각했다. 고심에 고심을 거듭한 끝에 그 화가는 왕이 말을 타고 사냥을 하고 있는 옆모습을 그렸다. 다리 하나는 말의 반대편에 있기 때문에 보이지 않았고 총을 겨냥할 때는 성한 사람도 한 쪽 눈을 감기에 이상하지 않았으며 등을 굽힌 채 말을 타고 있으니 키가 작아 보이지도 않았다. 자연스럽게 정상인처럼 그려졌다. 왕은 이 그림을 보고 크게 기뻐하면서 그 화가에게 큰 상을 내렸다.

첫 번째 화가는 사실을 기만하고 거짓으로 왕을 그려 아부하다 목숨을 잃었다. 두 번째 화가는 첫 번째 화가가 거짓으로 그려 죽임을 당한 것을 보고 사실을 그렸다. 왕의 열등감과 트라우마를 헤아리는 전략적 사고가 부족하여 목숨을 잃었다. 세 번째 화가는 두 화가의 죽음을 보고, 진실을 드러내되 왕의 마음을 헤아려서 목숨을 구했다. 세 번째 화가는 첫 번째 화가와 두 번째 화가가 죽임을 당하는 것을 보고 생명의 위협을 받는 절체절명의 위기에 처했다. 이를 해결하려면 '진실이 왜곡되지 않으면서도 왕의 마음에 드는 그림'을 그려야 했다.

그는 그림을 그리는 상황을 전체성 차원에서 고려해 보고 위에 적시한 두 가지 가치를 충족할 수 있는 그림을 그리기 위하여 창의성을 발휘하였다. 고심에 고심을 거듭한 결과 대부분의 왕들이 사냥을 즐겨하고 왕들은 말을 타고 사냥을 한다는 사실을 생각했다. 한쪽 다리가 없어도 전혀 부자연스럽지 않은 상황, 한쪽 눈을 감아도 자연스러운 상황, 허리가 굽어도 자연스러운 상황을 만족시키는 모습을 상상하였다. 그는 왕의 활동을 전체적 측면에서 고려하였고 창의성을 발휘하여 왕의 어떤 활동 모습이 왕의 약점이 드러나지 않게 할 수 있는지를 찾아냈다.

김장생과 몽테뉴의 아버지

옛날 귀족 집안에서는 아이를 훌륭하게 키우기 위해 남의 집에 보냈다. 《몽테뉴 수상록》으로 유명한 몽테뉴(1533~1592)는 태어나자마자 자기 집안의 머슴으로 있는 나무꾼의 집에 맡겨졌다. 몽테뉴 집안은 귀족 집안이었는데 부잣집 도련님을 태어나자마자 하인으로 있는 나무꾼 집에 양자로 보낸 것이다. 몽테뉴는 5세에 다시 본가로 되돌아왔다. 몽테뉴의 아버지는 영주와 영민 사이의 끈끈한 유대관계도 확보하는 한편, 몽테뉴에게 일반 평민의 생활양식을 경험시키고자 한 조치였다.

조선시대 김장생(1548~1631)은 13세 때 당대 석학이었던 송구봉(1534~1599)의 문하에 들어갔다. 13세의 어린 김장생은 집을 떠나 아버지의 사상적 동지였던 송구봉 집에 보내져 6~7년간 유교 경전들을 읽으며 송구봉의 훈도를 받았다. 자기 자식은 직접 가르치기가 힘들다. 동서양 모두 귀족 집안에서는 어렸을 때부터 집과 아버지를 바꿔서 가르치는 경우가 많았다.

귀족 집안에서 아이는 과보호 속에서 성장하기 십상이다. 일부러 어려운 환경에서 도전적으로 훈육하기 위하여 부모의 곁을 떠나 자라게 한 것이다. 요즘 아이들을 지나치게 과보호하면서 키우는 부모들이 생각해 볼 가치가 있는 사례다. 훌륭한 사람으로 키우기 위하여 어린 시절에 어려움을 경험하고 그것을 극복하는 방법을 체득시키려는 부모의 혜안이다. 아이의 먼 미래를 보고 생각한 조처들이다.

미 펜실베이니아 주 상원 의원

1992년 가을 미 육군 대학원 유학시절 겪은 일이다. 펜실베이니아 주 상원 의원이 파티에 오라는 초청장을 보내왔다. 파티에 참석해 보니 이제 정치를 그만한다는 주 상원의원 불출마 선언 파티였다. 파티는 공무원들이 모두 퇴근한 저녁 6시 30분에 펜실베이니아 주 정부 청사 복도 로비에 준비되어 있었다. 음식은 간단히 손으로 집어먹을 수 있는 것으로 모두 그 상원의원 집에서 직접 만든 것들이었다.

파티가 시작되자 그 상원 의원은 자신이 살아온 생을 잠시 회고하고 이어서 정치생활을 하는 동안 자기를 도와준 사람들을 한 사람씩 앞으로 불러 자기를 '언제 어떻게 도와주었다.'라는 내용을 자세하게 설명한 다음 감사 표시를 했다. 정말 화기애애한 분위기였다. 미국인답게 자신의 가족들에게도 일일이 감사의 표현을 하는 것도 잊지 않았다.

정치란 아편과 같은 것이라서 낙선할 때까지 출마한다. 언젠가 떨어지면 사생결단하는 선거풍토에서 알거지가 된다. 한 번 더하고 싶을 때 그만두는 것이 본인과 가족을 위해서 최선이다. 그는 자신의 인생을 멀리, 전체적으로 사고한 결과, 인기가 있을 때 무대에서 내려와 그간 자신의 정치활동을 도와준 것에 대하여 감사를 표하는 것이야말로 자신의 인생을 빛나게 하는 것이라는 것을 알고 있었다.

능내리 이장 조옥봉

경기도 남양주시 조안면 능내 1리는 상수원 보호구역, 문화재 보호구역, 개발제한 지역 등 갖가지 규제를 적용받아 자연 외에 인공 구조물은 들어설 자리가 없다. 따라서 이곳 주민들의 불만은 이만저만이 아니었다. 돈이 되는 주택단지 건설은 물론 음식점 신규 허가도 나지 않는 지역이니 땅값도 오르지 않는다. 동네 사람들은 잘살아 보겠다는 희망마저 포기한 상태였다.

이러한 상황에서 능내 1리 이장 조옥봉 씨는 약점을 장점으로 전환할 방안을 찾아 고심하였다. 잘살기 위한 기존의 방식은 주택을 건설하고 상가를 만들고 도로를 내면 주변 땅값이 올라 마을 사람들이 부자가 되는 것이었다. 그런데 이러한 방법이 전혀 불가능한 여건이니 기존의 1, 2차 산업 방식의 경쟁으로는 불가능하고 3차 산업 경쟁 방식으로 전환해야 한다고 생각했다. 따라서 이장은 수질 정화기능이 월등하면서도 아름다운 꽃을 보여 줄 수 있고 그 뿌리와 잎은 약용과 식용으로 고루 쓰이는 연(蓮)을 심기로 결정하였다.

이를 위하여 먼저 자신의 땅부터 내놓아 연꽃을 심고 하천 부지 임대인들에게 장기 임대 권리를 포기하게 하여 그곳에 마을 공동으로 연꽃 단지를 조성하기 시작했다. 토지와 노동력을 확보한 후, 연꽃을 심는 데 드는 비용은 '서울시가 환경부를 통해 지원하는 물 이용 분담금' 중 5천만 원을 이용하기로 하였다. 그러자 남양주시에서도 이 사업의 가능성을 믿고 1억 원을 지원해 주었다.

연꽃이 피면 도시 어린이들이 연꽃과 연잎, 연근을 재료로 차와 음식을 만들어 보고 인근의 다산 유적지, 팔당 수력발전소 홍보관 등을 함께 둘러보는 체험 프로그램도 계획하였다. 또한, 연꽃을 가까이서 볼 수 있도록 전망대도 만들 계획이고 연 전문 음식점도 여는 동시에 연 가공식품 생산시설도 갖출 계획이었다. 이렇게 하면 체험 프로그램에 찾아오는 관광객 유치만으로도 연간 40억 원의 수익이 예상되었다. 조옥봉 씨는 이러한 계획을 착착 진행시켜 완성하였다.

만약 능내 1리가 여러 가지 제약에 묶이지 않았더라면 숙박시설이 난립하거나 외지 사람들이 들어와 부동산 투기를 했을 것이고 그런

과정에서 마을 사람들은 땅을 팔고 정든 고향을 떠났을 것이다. 개발 규제 때문에 생긴 어려움을 이장 조옥봉 씨의 전략적 사고로 1, 2차 산업을 뛰어넘어 3차 산업으로 바꿀 수 있었다. 그 결과 능내리 사람들은 고수익을 올리면서 정든 고향에서 살 수 있게 되었다.

수원 분식집 할아버지

수원에 ○○ 분식집이라는 간판을 달고 오랜 시간 한 자리에서 노부부가 장사하는 중국 음식점이 있다. 1939년생인 할아버지가 주방장 겸 사장이고 할머니가 할아버지를 도우면서 아주 간소하게 운영하고 있지만 음식 전문가들이 그 집의 음식을 최고라고 평가하고 있다. "좋은 음식 솜씨를 이렇게 구석진 곳에서 이러고 있느냐?"라는 질문에 "자식에게 돈 물려주면 싸울 것이기 때문에 우리 두 사람 먹고사는 정도만 벌면 된다."라고 대답하였다고 한다. 할아버지는 사랑스러운 자식들이 자신이 죽은 뒤 남겨 놓은 재산을 서로 많이 차지하겠다고 싸울 것을 미리 알고 있었다. 자신이 죽은 후에 자식들이 철천지원수가 되어 싸우는 것을 미리 막아야 하겠다는 생각을 한 것이다.

가장 가깝게 지내야 할 형제자매가 유산 때문에 원수가 되어 사는 것은 바람직하지 않다. 부자가 죽은 상가에 가면 애도의 분위기는 없고 이곳저곳에서 모여서 무슨 궁리를 하는지 숙덕숙덕하고 있다. 유산 문제를 가지고 서로 이리 재고 저리 재는 것 같다. 같은 DNA를 가진 형제자매 간에는 덜 하겠지만 DNA가 다른 형제자매의 배우자가 문제다. 배우자가 충동질을 하면 당장의 이익 때문에 머리가 돌아 버린다. 이에 비하여 가난한 집의 상가에 가면 모두가 애도로 눈시울이 붉어져 있고, 형제자매 간에 뭔가 도울 일이 없나 찾고 있다. 그야말로 우애가 넘쳐 난다. 서로 다툴 재산이 없으니 정이 도타워지는 것이다. 사실 돈이 많으면 죽은 다음만 문제가 아니다. 살아 있을 때도 버르장머리 없는 자식들은 아버지가 빨리 죽기를 바란다고 한다. 할아버지는 힘들게 돈을 모아 봐야 자기가 죽으면 그때 자식들이 유산을 더 많이 차지하려고 다툴 것이라는 것을 알고 있었다.

A 할아버지의 소음 극복

A 할아버지는 고관절 수술을 하고 집에서 지내고 있었다. 편안하게 쉬어야 하는데 아래층이 집수리를 하는 바람에 소음 때문에 스트레스가 이만저만이 아니었다. 그런데 그 집의 수리가 마무리될 무렵, 이번엔 바로 위층에서 집수리를 시작한다는 공고문이 엘리베이터에 붙었다. 집 안에만 박혀 무더위와 씨름해야 하는 한여름에, 그 수리

공고문은 솔직히 두려웠다. 다음 날부터 엄청난 굉음이 머리 위에서 울리기 시작했다. 온 아파트를 뒤흔드는 철거 소음을 앞으로 한 달간 견뎌야 한다고 생각하니 기가 막혔다.

할아버지는 이 생각 저 생각을 하다가 아내를 불러 가장 크고 좋은 수박을 한 덩이 사오라고 했다. 그리고는 공사 책임자에게 전화로 "바로 아랫집에 사는 사람인데 잠깐 올라가겠다."라고 했다. 그 책임자는 당연히 항의하러 오는 것으로 알고 조심스러운 표정으로 나와서 기다리고 있었다. 할아버지는 웃으면서 "더운데 수고가 많으십니다. 어제 보니 공사 시작과 종료 시간도 잘 지키시고 끝난 뒤 쓰레기도 말끔히 치우시더군요. 휠체어생활 중인 저를 위해 가능하면 소음을 적게 내려고 배려하시는 마음도 느껴지더군요. 그래서 감사의 말씀 드리려고 올라왔습니다."라고 하면서 수박을 건넸다.

예상하지 못한 할아버지의 말에 공사 책임자가 어쩔 줄 몰라 했다. "제 평생 집수리 해 봤지만 이런 경험은 처음입니다. 수박을 제가 받아도 될지 모르겠습니다. 이해해 줘 정말 고맙습니다."라면서 연신 고개를 숙였다. 할아버지는 "죄송하긴요. 오래된 아파트라 집수리하는 것은 있을 수 있지요." 하고는 돌아왔다. 잠시 후 그 책임자가 전화를 했다. 그는 "아까는 제가 감사도 제대로 못 드렸네요. 혹시 고치실 거 있으면 그냥 다 수리해 드리겠습니다."라고 말했다.

전화를 끊고 나니 할아버지는 마음이 참 가볍고 좋았다. 이어진 한 달간의 공사는 소음과의 전쟁이었지만 이상하게도 별로 거슬리지가 않았다. 오히려 너무 조용하면 이 사람들이 공사를 제대로 하는지 궁금할 지경이 되었다. 소음에 대해 항의를 한다고 해서 공사를 하지 않을 것도 아닌 것을 알고 긍정적으로 수용하기로 한 것이다. 만약 공사 책임자와 얼굴 붉히며 논쟁을 했다면 더 많은 스트레스를 받았을 것이다. 적극적으로 수용하고 나니 마음이 편안해져 수술 회복도 빨라졌다.

B 씨의 은퇴 준비

B 씨는 정년을 몇 년 남겨 놓고 자신의 노후를 어떻게 보낼지를 생각하고 있었다. 노후생활을 위해 저축해 둔 약간의 돈과 퇴직금을 합치면 별문제가 없을 것 같았다. 그런데 '아들이 그 돈으로 사업을 하겠다고 하면 어쩌나?' 하는 걱정이 생겼다.

'경험도 인적 네트워크도 부족한 아들이 시작한 사업이 성공할 가능성은 많지 않다. 사업이란 통상 두세 번 실패한 후 다시 맨주먹으로 시작해야 성공할 수 있다. 보모 또는 남이 준 돈으로 사업에 성공하는 경우는 지극히 드물다. 보통 아들이 사업을 하겠다고 아버지로

부터 빌려 간 돈에 대한 이자를 드린다는 약속은 길어야 겨우 두세 달 정도라는 것이 통설이다. 그렇다고 돈을 빌려주지 않으면 아들과의 관계가 서먹해지고 아내는 야속하게 생각할 것이다. 그렇지만 노후자금을 아들 사업자금에 빌려주면 노후생활은 암흑이 될 것이다.' 라는 생각으로 머리가 복잡해졌다.

고민에 고민을 거듭하다가 가족 간에 화목하면서 노후생활 안정이 유지되게 하는 방법을 미래적·전체적 차원에서 생각해 보았다. 그것은 자신과 아들 간에 경쟁의 틀을 만드는 경쟁의 근원을 없애버리기로 했다. 그 방법은 '황금알을 낳는 거위'[19]를 한 마리 사는 것이었다. 이처럼 은퇴 후 노후생활이 가능한 일정액의 수입구조를 만들면 자식들에게 부담을 주지 않아서 좋고 동시에 자식들이 부모의 재산에 의지하려는 의타심을 원천적으로 제거해서 좋다. 사업을 할 만한 큰돈이 없으니 아들이 아버지의 돈을 활용하겠다는 생각을 원천적으로 봉쇄하였다.

---

19 그 '황금 알을 낳는 거위'는 연금 또는 유사 연금을 말한다.

C 씨의 며느리 용돈

___

큰돈은 서로에게 부담이 되지만 적절한 용돈은 부담 없이 주고받을 수 있기 때문에 사람 간의 정을 나누는 윤활유 역할을 한다. 많은 돈은 정을 키우기보다는 욕심을 키우기 십상이지만 많지도, 적지도 않게 적당한 용돈을 주기적으로 주면 좋은 관계를 유지할 수 있다.

C 씨는 가정의 핵심은 며느리이며 시부모에 대한 며느리의 감정이 집안의 분위기를 결정한다고 생각했기에 매월 며느리에게 일정액의 용돈을 주었다. 용돈은 남이 알면 더 이상 용돈이 아니기에 몰래 주었다. 사람은 누구나 아무도 몰래 자신만을 위해 쓰고 싶은 용처가 있다. 그러므로 용돈은 자기만 아는 것이어야 한다. 그래야 그 돈의 사용에 자유를 확보할 수 있다.

그 후 며느리는 시부모님이 오시는 것을 반기기 시작했다. 얼마의 시간이 지난 뒤 C 씨는 손자에게도 용돈을 주기 시작했다. 손자는 용돈이 궁해지면 할아버지를 기다렸다. 며느리는 그러는 아들의 모습에 반색을 하였다. 점점 시부모 대하는 태도가 살가워졌고 식사도 정성으로 준비하였다. 시부모님들이 오래도록 건강하게 사시기를 바라면서 보약도 준비하는 등 진정성을 담아 효도했다. 아들은 영문도 모르고 이런 부인을 좋아했다. 집안에 훈훈한 기운이 감돌았다.

D 씨의 어머니 용돈

형님은 고향에서 선산을 관리하며 어머니를 모시고 D 씨는 객지로
나가 살았다. 명절이나 부모님의 생신, 제사 등 가정사가 있을 때 고
향을 방문한다. 그때 어머니는 매일 얼굴을 맞대고 사는 맏아들 내외
보다 오랜만에 보는 객지 아들에게 반색한다. 이런 어머니에게 D 씨
는 하직 인사를 하면서 용돈을 드릴까 생각하다가 생각을 바꾸었다.
고향에서 어머니 모시면서 힘들게 농사일을 하는 형수님에게 드리
기로 했다.

그는 어머니의 성정을 잘 알고 있었다. 만약 어머니에게 용돈을 드
리면 속없는 어머니가 막내아들이 용돈을 주고 갔다고 동네방네 떠
들고 다닐 것이라는 것을 알고 있었다. 이렇게 되면 형수님은 속이
뒤집힐 것이다. 없는 살림을 꾸리면서 매일 온갖 수발을 들며 모시고
있는데, 자신에게는 변변한 칭찬 한번 안 하시고, 일 년에 겨우 한두
번 와서 용돈 몇 푼 드렸다고 칭찬하는 시어머니가 야속하고, 동시에
시동생이 미워질 것이라는 데까지 생각이 미쳤다.

고향을 떠나면서 D 씨는 어머니에게 하직 인사를 한 다음 부엌으
로 들어갔다. 형수님께 "어머님을 모시느라고 고생하시네요."라는
위로의 말과 함께 약간의 돈을 형수님의 손에 가만히 쥐어 주면서 눈

을 찡긋하고 나왔다. D 씨는 대부분의 시간을 어머니와 함께 보내고 있고, 같은 감정의 환경에서 살아가는 형수님의 기분이 중요하므로 최상의 효도는 형수님을 기분 좋게 만드는 것이라는 생각을 하고 용돈을 형수님에게 드렸다.

시골의 빠듯한 살림에 비자금을 만들 방법이라고는 거의 없는 여건에서, 시동생이 몰래 주는 용돈은 엄청난 가치를 발휘했다. 어머니 밥상이 달라지기 시작했고 어머니가 말하기도 전에 원하는 것을 찾아서 해 드렸다. D 씨의 그 다음 방문부터는 형수님이 농사지은 것들을 이것저것 봉지 싸서 트렁크에 가득 실어 주면서 진심어린 마음으로 또 오라고 간곡히 당부 또 당부했다. 이 광경을 형은 영문도 모른 채 흐뭇한 마음으로 바라보고 있었다.

퇴직 경찰 E 씨의 이사

경찰 간부로 퇴직한 E 씨 집에 시집간 딸이 임신을 해 같이 지내고 있었다. 딸은 아이를 낳고 산후조리를 끝내고도 자기 집으로 갈 생각을 하지 않았다. 마침내 사위까지 와서 회사에 출퇴근하기 시작했다. 처음에는 자식들이 와서 지내는 것이 좋았다. 그런데 점점 부인이 힘들어서 밤이면 끙끙 앓기까지 했다. E 씨는 부인을 이런 상황에서 벗어나게 해야 한다고 생각한 끝에 작은 집으로 이사를 가기로 결심하고 20평짜리 아파트로 옮겼다. 그리고 나니 딸아이 가족들은 더 이상 와서 자고 가는 일이 없었다. 부가적으로 집이 작으니 청소 등 집안 일거리도 줄어들고 부인과 자주 부딪히게 되어 부부간에 정도 더 생겼다.

사람들은 처음 만난 관계를 평생 지속한다. 따라서 자식들은 엄마를 자신이 어렸을 때 엄마에 대한 이미지를 지속적으로 연장하고 있다. 즉, '엄마는 강하고 언제나 자신을 위해 무엇이든 다 할 수 있는 슈퍼 우먼'으로 마음속에 자리하고 있다. 따라서 엄마가 힘들어할 것이라는 생각을 하지 못한다. 자신의 엄마가 나이가 들어, 약해졌다는 사실도 인정하지 않는다. 그러니 모든 일을 엄마에게 맡기고 자신은 편한 마음으로 빈둥거리면서 지낸다.

만약, E 씨가 딸아이에게 엄마가 힘이 드니 자기 집으로 가라고 말하거나 엄마가 노쇠해졌으니 딸아이 보고 일을 하라고 말했다면 딸아이는 서운해했을 것이다. 딸아이의 머리는 엄마의 허약함이 상상조차 되지 않으니까 말이다. 딸아이 가족이 함께 지내기 불편한 작은 집으로 이사를 함으로써 이 문제를 간접적으로 해결하였다.

STRATEGIC THINKING

전략적 사고로 성공한 CEO

거상 임상옥

조선의 거상 임상옥은 청나라에 가서 홍삼 무역을 하고 있었다. 당시 청나라 상인들이 홍삼을 헐값으로 매수하기 위하여 담합하였다. 이에 대다수의 조선 상인들은 손해를 최소화하기 위하여 홍삼을 청나라 상인에게 헐값으로 팔았다. 그러나 임상옥은 자기가 원하는 가격을 받아야 한다고 생각했다. 그는 이 사태를 크게 보고 청 상인들이 조선의 홍삼을 꼭 필요로 한다고 판단하였다.

임상옥은 조선 상인들이 헐값으로 파는 홍삼을 전량 매수한 후, 청나라 상인에게 절대 헐값으로 내주지 않겠다는 의지를 보여 주기 위해 대로상에 쌓아 두고 불태워 버렸다. 이것을 본 청상들은 홍삼이 전부 불태워 없어지면 자신들도 망한다는 사실에 담합을 풀었다. 임상옥은 자신이 원하는 가격에 홍삼을 팔아 조선의 거부가 되었다.

임상옥은 북경에서 당시 청나라 상인들이 정상적인 시장 경쟁을 하지 않고 담합으로 홍삼 가격을 낮추려고 하는 데 대하여 홍삼 시장의 메커니즘을 바꾸기로 마음먹었다. 청나라 사람들이 홍삼을 좋아하므로 공급량을 줄이면 갑의 위치에 설 수 있다는 사실을 알았다. 당장의 시장 가격에 얽매이지 않고 수요 공급의 메커니즘을 조정하면 유리한 입장에 설 수 있다는 사실을 통찰하였다.

포항제철의 박태준 회장

1968년 박정희 대통령은 포항종합제철 설립을 구상하고 박태준을 사장으로 임명했다. 1인당 국민소득 70달러로 세계 최빈국 중 하나인 대한민국에서 종합제철회사의 건립은 상상하기도 힘든 상황이었다. 미국을 위시한 5개국이 대(對) 한국제철 차관단을 만들어 지원 자금 문제를 검토했지만, 한국에서 종합 제철 회사 건립은 불가능하다고 판단해 차관 지원을 거절하였다. 뿐만 아니라 한국 정부 내부에서도 반대가 만만치 않았다.

박태준 사장은 농수산업 발전에 사용할 수 있는 대일 청구권 자금 일부를 전환하여 종합제철회사 건립 자금으로 확보하고자 하였다. 이를 위해서는 신일본제철㈜의 기술지원 각서가 필요했다. 그렇게 하려면 신일본제철㈜의 이나야마 요시히로 회장의 의사가 중요했다. 박태준 사장은 이나야마 요시히로 회장을 만나기 전에 철저히 준비했다. 이나야마 회장이 좋아하는 일본 노래들을 미리 파악하여 연습까지 하였다. 일본에 가서 그와 함께 노래를 부르는 등 온갖 정성과 아부로 이나야마 회장의 전폭적 지지를 확보하고 기술지원 각서를 받는 데 성공했다. 이 기술지원 각서로 청구권 자금 전환에 성공해 자금과 기술 문제를 동시에 해결하였다.

이렇게 해서 1970년 한국에서는 불가능하다는 연 103만 톤 생산 능력의 종합제철회사를 만들었다. 국가 이익을 위해서 자존심을 버리고 강자의 마음을 사로잡기 위해 아부하였다. 대의명분이 분명하고 현재의 불편한 아부가 미래의 부강한 대한민국을 만드는 데 도움이 될 것으로 판단한 전략적 사고였다.

현대건설의 정주영 회장

1975년 어느 날 박정희 대통령은 현대건설 정주영 회장을 불렀다. 당시 오일 달러가 넘쳐 나는 중동 국가에서 건설공사를 할 의향이 있는지를 타진하기 위해서였다. 이미 다른 사람들은 중동 국가는 너무 더워서 일을 할 수 없고, 건설공사에 절대적으로 필요한 물이 귀해서 건설공사는 불가능하다고 답을 한 후였다.

대통령으로부터 임무를 부여받고 중동을 다녀온 정 회장은 박대통령에게 보고했다.

정주영 회장: 중동은 이 세상에서 건설공사를 하기에 제일 좋은 지역입니다.

박정희 대통령: 왜요?

정주영 회장: 1년 열두 달 비가 오지 않으니 1년 내내 공사를 할 수 있고요.

박정희 대통령: 또요?

정주영 회장: 건설에 필요한 모래, 자갈이 현장에 있으니 자재 조달이 쉽고요.

박정희 대통령: 물은?

정주영 회장: 그거야 어디서든 실어 오면 되고요.

박정희 대통령: 섭씨 50도나 되는 더위는?

정주영 회장: 낮에는 자고 밤에 시원해지면 그때 일하면 됩니다.
라는 재미있는 문답이 이어졌다.

보통 사람들은 안 되는 이유를 찾고 있었는데 정주영 회장은 되는 이유를 찾고 있었던 것이었다. 보통 사람들은 고정 관념에 사로잡혀 건설공사에서 골재는 가져오는 것이고 물은 현지에서 구하는 것이라는 사고의 틀을 벗어나지 못한 반면, 정 회장은 중동에서는 지천에 깔린 골재는 현장에서 조달하고 대신 물은 어디서든지 가져오면 된다고 생각했다. 그리고 비가 오지 않아 건조하고 덥다는 생각만 하고 있는 보통 사람에 비해 정 회장은 비가 오지 않으니 건설공사를 쉬지 않고 할 수 있어서 좋다는 식의 생각을 한 것이다. 보통 사람들이 낮에는 일하고 밤에는 자야 한다는 고정 관념에 얽매여 있을 때 정 회장은 더운 낮에는 자고 시원한 밤에 일하면 된다는 생각을 한 것이다. 기존의 사고를 반대로 뒤집어 생각하는 전체적 차원에서 사고한 산물이었다.

라이언 에어의 마이클 오이어리

유럽의 저가 항공사 라이언 에어의 CEO 마이클 오이어리는 항상 비용과 요금을 낮출 아이디어 찾기에 몰두하고 있다. 예를 들어 항공사 직원들에게 형광 메모리 펜은 글씨를 쓰는 것이 아니므로 사용하지 말라고 지시하고, 자신은 호텔 등에서 공짜로 제공하는 필기구를 가져와서 쓴다. 그는 기내 화장실도 유료화하였다. 즉, "기내 화장실을 유료화하면 대부분의 승객이 공항에서 미리 화장실을 사용할 것이다. 따라서 기내 화장실 이용 빈도가 줄어들 것이므로 기내 화장실 2개를 줄일 수 있다. 그 자리에 6개의 좌석을 배치하면 그만큼 원가 절감이 가능해지므로 요금 인하가 가능하다."라는 것이었다.

이러한 노력의 결과, 2009년 7월 27일 기준으로 시가 총액 면에서 유럽의 유수한 대형 항공사인 루프트한자나 에어 프랑스 같은 항공사를 추월하였다. 성공의 비결을 묻는 기자의 질문에 그는 "싼 요금과 정확한 운행 시각이 보장된다면 서비스 불편을 감수할 고객이 더 많기 때문이다."라고 말했다.

과거 항공 여행은 부유층의 전유물이었다. 돈이 많은 사람이나 고관들은 비행기 이용 요금이 관심사가 아니었다. 오직 서비스의 질이 중요하였다. 그러므로 서비스의 질이 항공사들의 주 경쟁 수단이었다. 그러나 항공 여행이 대중화된 오늘날에는 많은 서민들이 항공 여행을 한다. 서민들의 입장에서는 서비스의 질 보다는 싼 요금이 더 매력적인 요소다. '어떻게 하면 한 푼이라도 더 아낄 수 있을까?' 하는 것이 서민들의 관심사다. 경쟁의 틀에 영향을 미치는 가장 큰 요소는 서민들의 항공 여행이 많아졌다는 사실이다.

마이클 오이어리는 미래는 서비스의 질이 아니고 요금이 경쟁의 수단이 될 것으로 생각했다. 주머니가 두둑한 부유층은 항공기 요금이 전혀 문제가 되지 않았지만 주머니가 얇은 서민들은 서비스의 질보다는 싼 요금이 절대적인 매력 포인트라는 것을 알았다. 라이언 에어는 이러한 전략적 상황 변화를 정확히 읽고서 모든 승객의 입장에서 그리고 미래의 항공 여행의 변화를 읽고 전 세계로 번진 저가 항공사를 최초로 만들었다. 미래적이고 전체적인 사고의 결과물이다.

펩시의 인드라 누이

청량음료 시장에서 코카콜라와 펩시콜라 간의 경쟁은 언제나 코카콜라의 승리였다. 시음장에서 펩시콜라가 코카콜라보다 맛이 좋다는 평가가 나왔는데도 결코 이길 수가 없었다. 콜라하면 코카콜라를 연상하게 브랜드가 너무 깊이 사람들의 머리에 각인되어 있었기 때문이다.

그런데 2006년 인도계 여성 CEO 인드라 누이가 취임하면서 펩시콜라는 코카콜라와의 소모적인 경쟁을 접었다. 청량음료 경쟁체제에서는 도저히 승리가 불가하다는 것을 인식하였다. 따라서 펩시콜라는 자신의 약점을 인정하고 새로운 시대적 트렌드인 '웰빙'에 주목

하였다. 즉, 펩시는 웰빙을 키워드로 하는 새로운 카테고리로 도약하려는 전략을 수립하였다.

웰빙 트렌드에 어울리지 않는 청량음료 비중을 줄이고 대신 소비자의 건강에 도움이 되는 비 탄산음료 카테고리를 공략하기 시작했다. 과자 부문에서도 토스나 썬칩 같은 튀긴 과자의 비중을 줄이고 유기농 과자로 카테고리를 옮기면서 2007년 세계 시장에서 20%의 매출 증가를 기록했다.

인드라 누이는 기존의 탄산음료 시장에서는 코카콜라를 이길 수 없다는 객관적 사실을 인정하였다. 오랫동안 사람들의 머리에 각인된 '콜라 하면 코카콜라'라는 인식을 바꾸는 것은 불가능하다는 것을 알고 시대적 트렌드인 웰빙으로 사고의 영역을 확대한 것이다.

도미노피자의 패트릭 도일

세계 2위 피자 업체인 도미노피자의 한 가맹점 직원이 코 안에 넣었다 뺀 치즈를 핫 샌드위치 위에 올려놓는 역겨운 동영상이 유튜브에 올라왔다. 이틀 만에 100만 명이 이 영상을 봤다. 도미노피자의 패트릭 도일 CEO는 사과는 단순히 고개를 숙이기만 해서 되는 문제가 아니고 그에 상응하는 뭔가를 해야 한다고 생각하고 이를 실행에 옮겼다.

패트릭 도일 사장은 사태 발생 44시간 만에 사과 영상을 유튜브에 올리고, 자체 조사를 통해 해당 직원을 즉각 해고하고 경찰과 연방 보건후생부에 고발하였으며 그 피자가 누구에게도 배달된 적이 없음을 분명히 밝혔다. 도일 사장은 피자가 맛있다고 광고하는 대신, 우리가 고객의 이야기를 듣고 있다는 점을 강조하려고 했다. 사과는 아주 적극적으로, 아주 빠르게 해야 한다. 그런 다음 실제로 변화를 만들어 내야 한다. 변화를 위해서는 반드시 고객 이야기를 능동적으로 들어야 한다. 문제가 생기면 해결책을 마련하지만, 그 해결책을 꾸준히 이어 갈 때만 고객의 '신뢰'를 얻을 수 있다.

사람들은 대부분 처음 문제가 생겼을 때 이걸 '사소한 문제'로 여기지만 문제는 점점 커진다. 대처하려다 보면 문제는 어느새 더 커져 있고 어느 순간 모든 통제권을 잃어버린다. 기업이 할 수 있는 것은 최대한 빠르게 대응하는 것이다. 즉시 대응하면 문제를 슬기롭게 넘길 수 있지만 잠시만 망설여도 통제할 수 없을 만큼 큰 사건으로 커져 버린다.

기업이 순조로우면 무언가를 바꾸려고 해도 사람들이 잘 동조해 주지 않지만 문제가 있을 땐 사람들을 설득하는 게 훨씬 쉬워진다.

고객 충성도는 고객이 제품을 구매하면서 꾸준하게 좋은 경험을 했을 때만 나온다. 그리고 실수를 했을 때, 그것을 고치고 책임을 지는 데서 나온다. 가장 강력한 고객 충성도는 단 한 번도 실수를 저지른 적이 없는 경우보다 저지른 실수를 고치는 모습에서 나타난다는 사실을 알고 도일 사장은 대처하였다. 사과를 우물쭈물하다가 큰 손실을 본다는 사실을 미리 알고 즉각 대처한 것이다.

보스의 마레스카

프리미엄 오디오 브랜드인 '보스'는 절제의 미덕을 강조했다. 보스는 뛰어난 기술을 많이 갖고 있지만 그걸 굳이 고객에게 자랑하고 과시할 필요는 없다고 생각했다. 고객에게 좋은 '음악적 경험'을 주는 게 목표지 그들에게 좋은 '기술적 경험'을 주는 게 목표가 아니라고 강조했다.

그런데 아직도 자신의 기술을 자랑하려는 기업들이 많다. 사실 고객은 어떤 제품을 만들기 위해 기업이 얼마나 열심히 노력했는지에 대해서는 별 관심이 없다. 그것이 자신이 가진 문제를 해결하는 데 도움이 될 수 있는지, 자신에게 새로운 편의를 줄 수 있는지에만 관심을 가진다.

마레스카는 이러한 현실을 정확하게 간파하였다. 자신의 입장이 아니라 고객의 입장에서 사고한 것이다. 회사 내부에서 회사가 만드는 것에 초점을 맞추지 않고 고객의 눈으로 '바깥에서 안'을 보았다. 과시하지 않고 내세우지 않으며 자신의 내공을 조용히 갈고닦으며 상대를 배려하는 마음이다. 사람은 감추면 보고 싶어 하고 보여 주면 외면하는 심리를 이용한 마케팅을 하였다.

화낙의 세이우에몬

세계 1위 산업용 로봇 기업 화낙(FANUC)은 45년을 오직 공장 자동화, 산업용 로봇 '한길'에만 매진해 왔다. 화낙의 세계 시장 점유율은 정밀가공 드릴 로봇은 80%, 수치제어(NC) 공작 기계는 60%, 첨단산업용 로봇은 20%이다. 생산한 제품의 80%를 수출하는 기업으로 영업 이익률이 41%에 달한다.

화낙의 경영 방침은 '좁은 길을 똑바로 가기'이다. 창업자 세이 우에몬은 1972년 사외 벤처 형식으로 화낙을 차려 지금까지 산업용 로봇 이외의 다른 서비스 로봇 분야에는 손도 대지 않는다. 지금 하는 것을 더 잘하는 데만 집중하여 지금 하고 있는 것을 제대로 하는 것을 경영 목표로 하고 있다. 이를 위해서는 엄격한 정밀성이 필요했다. 기술자들이 가장 중요하다는 생각에 평균 급여는 도쿄 소재 일본 대기업 평균 연봉의 2배를 주고 대부분 정년을 보장했다. 사내에 이자카야, 헬스장, 사우나가 있는 것은 물론 회식 후 택시비도 회사에서 준다.

화낙의 경쟁력은 평생 수리 보증이다. 보증 연한은 무한대이며 제품을 고객이 쓰고 있고 화낙이 존속하는 한 영원히 고쳐 준다는 방침이다. 이 방침을 지키기 위하여 미래의 수요를 판단해서 부품을 충분히 사 두고 있다. 창고에 보관 중인 부품의 20%는 현재 구입할 수 없는 것들이다. 재고가 없을 경우엔 재설계하여 수제작을 해서라도 애프터서비스를 해 준다. 더 나아가서 기술자들이 은퇴해 과거 제품에 대한 수리 노하우가 사라져 버릴 것을 대비해 수리용 데이터베이스를 완성해 두고 있다.

또 하나 화낙의 경쟁력은 제품이 고장났을 때 신속하게 복구해 주는 서비스다. 전 세계 어느 공장 라인의 로봇이라도 고장이 나면 수리반이 곧바로 투입돼 고장 난 부분을 통째로 바꿔 곧바로 라인을 돌릴 수 있게 조치해 준다. 그리고 고장 난 부품은 가져와서 고친 뒤에 고객의 공장 라인이 잠시 쉬는 동안에 다시 교체해 준다.

화낙은 이처럼 역지사지로 경쟁력을 높이고 이를 지속한다. 공장 자동화와 산업용 로봇의 정밀성을 보장하기 위하여 기술자에 파격적 대우를 하고 고객에게는 완벽하고 신속한 애프터서비스를 제공해 신뢰를 획득한다. 또한 고장이 난 부분을 통째로 바꿔 주는 '고장 복구 서비스'는 고객의 손실을 제로화하고 있다. 모든 것을 고객의 입장에서 고객이 원하는 것을 완벽하게 지원하는 경영으로 화낙은 승승장구하고 있다.

반찬가게 '사이치'의 사토 사장

일본 동북부 센다이 시에서 자동차로 40분 정도의 거리에 아키호 초라는 온천 마을에 일본 최고의 반찬가게 '사이치'가 있는데 이곳은 연일 문전성시를 이루고 있다. 이 가게의 사토 사장은 1970년대 말까지만 해도 장사가 너무 안 되어서 자살까지 생각했었다고 한다. 그는 고민 끝에 '집에서 먹던 주먹밥이라도 내다 팔아 보자.'라고 생각했고 내다 팔아 보니, 이외로 인기를 끌었다. 그래서 사토 사장은 "그래! 바로 이거야. 엄마 손맛보다 더 맛있는 반찬을 만들어 팔자."라고 마음먹었다. 경영의 목표는 '독특한 맛'이고 경쟁 상대는 '전국의 가정주부들'이었다.

사토 사장은 매일 새벽 1시에 일어나 그날 내놓을 반찬을 만들었다. 종업원들이 아침에 출근하면 일일이 맨투맨으로 교육했다. 일류

요리사도, 비밀 레시피도 없었다. 그야말로 '정성을 들인 손맛'이 무기였다. 사토 사장은 레시피가 오히려 정성을 없앤다고 생각한다. 그는 "레시피보다 정말 맛있는 반찬을 만들겠다는 노력과 정성이 제일 중요합니다. 남에게 의존하거나 흉내를 내는 순간 우리만의 독특한 맛은 사라지기 때문이지요. 맛을 내는 방법을 스스로 연구해 만들어야 자식처럼 애정이 생깁니다."라고 말하면서 정성을 강조한다.

사토 사장은 '적당히'라는 말을 거부한다. 직원의 컨디션이 좋지 않아 보이면 곧 바로 귀가시킨다. 불안정한 마음과 몸 상태로 반찬을 만드는 것은 손님에 대한 예의가 아니라는 생각에서다. 또 그는 싼 재료로 반찬을 만들지 않는다. 원가율은 60%로 월등히 높다. 대신 그날 만든 반찬은 그날 다 파는 방법으로 재고로 인한 폐기 비율을 현저히 낮췄다. 그는 매일 주부들의 식사준비 시간에 맞춰 오후 5시 45분이 되면 모든 반찬을 반액으로 판매하여 재고를 없앤다.

사토 사장은 맛은 정성에서 찾고 좋은 재료 사용으로 높아지는 비용은 재고로 인한 폐기 비율을 낮춤으로 해결하였다. 그는 맛있는 반찬을 만드는 방법을 정신적 영역까지 확장하여 찾았으며 재료비용의 절감은 주부들의 식사준비 시간에 맞춘 반액 판매를 통해 재고를 없애는 방법으로 해결하였다. 반찬에 관련한 전체적 영역에서 해결 방법을 모색한 결과다.

아오모리의 농부

1991년 일본 최대의 사과 생산지 아오모리 현에 엄청난 태풍이 몰아쳐서 마을 전체가 쑥대밭이 되었다. 이 여파로 수확을 앞둔 사과의 90%가 다 떨어져 버렸다. 마을 사람들은 하늘을 원망하며 한숨만 쉬고 있을 때, 농부 한 사람이 "괜찮아."라고 말했다. '뭐가 괜찮다는 거냐?'라는 시선으로 바라보는 마을 사람들에게, 그 농민은 "우리에겐 아직 떨어지지 않은 10%의 사과가 있잖아.", "그걸로 어쩌려고?"라고 다른 농민이 물었다. "우리가 말이야, 만약 이 떨어지지 않은 사과를 '떨어지지 않는 사과'로 만들어 팔면 어떨까? 예를 들면, 수험생 같은 사람들에게 시험에서 떨어지지 않게 해 주는 '합격사과'를 만들어 팔면 말이야."

절망에 잠겨 있던 마을 주민들은 그 제안에 동조하여 종전의 박스 단위 포장 대신 '한 개씩 낱개'로 포장하여 '초속 40m의 초(超) 초(超) 강력 태풍에도 떨어지지 않았던 바로 그 사과! 내 인생에 어떤 시련이 몰아친다 해도 나를 떨어지지 않게 해 줄 그 사과, 합격사과'라는 재미있고 감성적인 이름을 붙였다. 이것을 본 사람들은 "뭐야, 이건?" 하면서 동시에 "재미있는데?"라는 반응을 보였다. 그리고 왠지 이 사과를 하나 받으면 행운이 올지도 모른다는 생각이 났다. 더욱 놀랍고 재미있는 것은 이 사과의 값을 10배로 책정했는데 다 팔렸다는 것이었다.

농부는 사과를 둘러싸고 있는 전체적 맥락 속에서 새로운 관점을 찾았다. 기본적으로 사과는 과일로써 가치를 갖지만 어린 사과나무는 화분으로, 꽃이 필 때는 관광자원으로, 상처 난 사과는 잼이나 식초의 재료 등 다양한 용도로 쓰일 수 있다. 그런데 농부는 떨어지지 않고 달려 있는 10%의 사과는 '시련을 견뎌 내는 강인함'과 '떨어지지 않는다.'라는 정신적 가치를 생각했다. 그리고 떨어지지 않음은 '합격'이라는 말로 대체하고 '합격사과'를 브랜드화한 것이다. 사고 영역의 확대를 통하여 창의성을 발휘하였다.

김밥 체인점과 자포스 신발

고객이 김밥을 사러 와서 카드결제를 요구했는데 아직 카드 결제 시스템이 준비되어 있지 않았다. 주인은 현금이 없어서 당황해하는 고객에게 그냥 김밥을 싸 주면서 "다음에 이곳을 지나는 길에 주세요!"라고 말했다. 그 고객은 3일 후 친구들까지 데려와 외상값을 갚고 추가로 10인분을 더 사갔다. 고객은 현금이 없어 곤란해하는 '자신을 믿고' 외상을 준 데 대해서 감동했던 것이다.

신발판매 업체 자포스는 고객이 원하는 신발이 자사에 없으면 주저 없이 해당 제품을 판매하는 경쟁사 사이트로 고객을 안내하는 회사다. 한 번은 온라인 판매 후 구매한 신발을 잘 신고 있는지 해피콜을 했다. 그런데 고객은 "입원 중인 어머니를 위해 신발을 사 드렸는데 어머니가 돌아가셔서 신발을 신어 보지도 못하셨다."라고 울먹였다.

그러자 해피콜 담당자는 무료반품 기간이 지났지만 즉석에서 환불을 약속했다. 다음 날 그 고객은 자포스로부터 간곡한 애도의 뜻이 담긴 카드와 조화를 받았다. 이 고객은 자신의 개인 블로그에 이 사실을 올렸고, 이 글은 전 세계 언론과 많은 블로그 사이트로 퍼지면서 자포스의 고객 서비스를 널리 알리는 계기가 되었다.

두 가게는 공통적으로 당장 눈앞의 이익보다는 고객으로부터 신뢰와 감동을 얻는 것이 미래에 더 큰 이익을 얻을 수 있다는 전략적인 생각을 한 것이다.

현대 · 삼성 중공업의 진수 전략

우리나라 양대 조선 산업체인 현대 · 삼성중공업은 쏟아지는 주문을 감당할 독(dock)이 부족하여 고심했다. 독을 더 짓는다는 것은 돈이 많이 들 뿐만 아니라 더 이상 독을 지을 만한 부지도 없었다. 독의 역할은 배 건조 후 바닷물을 끌어들여 배를 진수시키기 위한 것이었다. 독 진수 방식은 대형크레인과 고압 공기 생성 기술이 없었던 시절의 방식이다. 그런데 지금은 두 가지 기술이 이미 확보되어 있는 상황에서 육상에서 배를 만들어도 진수할 수 있다는 생각을 하게 되었다. 이것이 세계 최초의 육상건조공법이다.

현대 중공업은 고압 공기 생성 기술을 이용하였다. 이 공법은 2만 톤에 달하는 배를 육상에서 건조하여 배 밑에 깔려 있는 8가닥의 레일에서 뿜어 올리는 고압의 공기로 배를 지상에서 몇 밀리미터 띄운 뒤 밀어내면 바다에 떠 있던 바지선이 이 배를 받아, 수심 깊은 바다로 나가 바지선을 물밑으로 가라앉혀 진수하는 방식이다.

한편, 삼성중공업은 대형 크레인을 이용하였다. 이 공법은 물 위에 떠 있는 바지선에서 배를 건조하는 '플로팅 독' 방식이다. 육상에서 6 내지 8조각의 거대한 블록을 만든 다음 이를 3000톤급 해상 크레인으로 플로팅 독에 올린 후 조립하는 방법으로 독을 더 늘리지 않고 매년 20% 성장하였다.

양개 조선사는 독은 배 진수를 위한 것이라는 기본 목적을 정확히 분석하고 이를 대체할 방법으로 현재까지의 발전된 기술 영역 전체에서 해결방법을 찾았다.

위기관리 시 성공적인 홍보

위기가 발생하면 가장 먼저 접하는 것이 언론이다. 언론에 대한 전략이 실패하면 바로 위기관리의 실패로 연결된다. 일반적으로 위기에 직접 관련된 당사자를 제외한 불특정 다수는 언론을 통해서 발생된 위기와 그 전개 과정을 안다. 따라서 가장 빠르게 언론을 상대하여 기민하게 움직여야 한다. 대응이 늦거나 미진하면 기자들의 추측보도에 의해 사태를 더욱 심각하게 만들 수 있다. 왜냐하면 언론의 속성은 '특종 경쟁'이며 그것이 기자의 생존과 직결되는 문제이기 때문이다. 또한, 홍보는 피해자 중심의 전략이 되어야 한다.

홍보의 기본은 '필사즉생'의 전략이다. 안 좋은 일이 일어나면 숨기고 싶은 것이 인간의 본능이다. 그러나 그 본능을 뛰어넘어 미래적이고 전체적인 입장에서 가장 빠르고 가장 효율적인 대안을 수립하는 것이 좋다. 전술적 차원에서 낮은 자세가 전략적 차원에서 더 많은 것을 얻을 수 있다는 것을 이해하는 것이 전략적 사고다. 즉, 죽기를 각오하고 낮은 자세로 최선을 다한 성의를 보이면 이해 당사자들을 감동시켜 위기에 이르지 않게 하거나 위기상황을 조기에 종식시킬 수 있다.

1982년 9월 29일 아침, 미국 시카고 교외의 한 마을에서 감기 증세를 보이던 12세 소녀가 타이레놀 캡슐을 먹고 갑자기 숨졌다. 이어서 시카고 일대에서 며칠 사이 7명이 죽었다. 그 캡슐에는 치명적 독극물인 청산가리가 섞여 있었다. 이 약품의 유통을 담당하는 존슨 앤드 존슨 사는 사건 발표 이튿날 뉴욕 증권 시장에서 주가가 7포인트 하락하고, 37%에 달하던 시장 점유율이 사건 발생 1주일 만에 6.5%로 떨어졌다.

회사는 곧 바로 언론을 통해 사건의 진상을 솔직히 알렸다. 그리고 즉각 모든 병원과 약국에 타이레놀의 처방 및 판매 금지를 당부하고 이미 팔려 나간 캡슐형 타이레놀 3,100만 병을 모두 수거하였다. 더불어 소비자들에게는 위험성이 없는 알약 제품으로 교환해 주겠다고 약속함과 동시에 회장이 TV에 직접 출연하여 사과하고 회사가 취한 조치들을 설명하였다. 타이레놀 캡슐 제조를 즉각 중단하고 언론과 소비자들로부터의 문의 전화 총 3만 건을 처리하였다. 관계 당국과는 긴밀한 연락 채널을 구축해 협력하였으며, 타이레놀 캡슐을 복용하지 말 것을 당부하였다.

유통 과정에서 이물질을 투입할 수 없도록 포장 방법을 개선하고 기자들을 초정하여 생산 공정을 전면 개방하였다. 수사를 통해 문제의 타이레놀이 제조 과정과는 아무런 관련이 없으며 소매상 유통 과정에서 발생한 범죄라는 것이 밝혀졌다. 존슨 앤드 존슨 사는 타이레놀에 독극물이 들어 있다는 사실을 회사의 생존과 번영에 치명적 손해를 끼치는 위기로 인식하고 관리하였다. 기업 역사상 유례없이 신속하고 단호하고 솔직하게 대처하여 실추된 회사의 신뢰를 회복하고 2개월여 만에 시장에 복귀하였으며 40%에 가까웠던 시장 점유율을 회복하였다. 1억 불에 달하는 비용과 신속한 대응을 통해 이듬해 초에는 예전의 시장 점유율을 거의 회복하였다. 소비자들에게 책임감 있는 회사로써의 이미지를 확고하게 심었다. 당장의 이익에 집착하거나 자기 보호 본능에 사로잡히지 않고 필사즉생의 전략적 사고로 위기를 관리하였다.

2008년 7월 GS 칼텍스는 협력사 직원들의 농간으로 1,100만 건에 달하는 고객 정보가 유출되는 사고에 직면하였다. 나완배 사장은 심각한 위기로 판단하고 회사의 총역량을 투입하였다. 사실 확인 후 즉각 고객과 언론에 정보 유출 사실을 진솔하게 발표하고 경찰의 사이버테러 대응 센터에 신고하였다. 이러한 신속한 조치로 개인정보가 악용되는 사태를 막았다.

최고 경영진의 신속하고 적극적인 조치와 사과로 피해 확산을 조기에 차단하고 회사의 이미지 손상을 방지하였다. 나아가 관계자들로부터 신속한 대응에 대한 찬사를 받았으며 고객의 신뢰 상실을 방지하였다. 위기는 그 관리 여하에 따라 전화위복의 계기를 만들 수 있다. 위기 사태를 초래하지 않는 것이 최선이지만 발생한 위기는 전략적 관점에서 상황을 파악하여 가장 빠르게 대처하는 것이 최선임을 보여 주었다.

2013년 미국의 대형 마트 타깃(Target)에서 1억 명이 넘는 '고객 신용 정보 유출' 사건이 일어났다. 스타인하펠 대표는 홍보팀이 작성한 보도 자료 초안을 보고 "변호사가 기업의 입장만을 보호했다."라면서 보도 자료를 다시 쓰도록 했다. 스타인하펠은 위기 대응에서 "고객을 위해서 옳은 조치를 취한다."라는 역지사지 원칙을 지켰다. 자기보호 본능은 전체적 입장에서 사고하면 위기를 증폭시킨다는 사실을 알고 고객의 입장에서 위기를 관리함으로써 고객으로부터 감동을 얻어 위기를 조기에 수습하였다.

2014년 경주 마우나 오션 리조트 지붕이 붕괴하는 사고가 있어났다. 당시 코오롱 이웅렬 회장은 사고 당일 저녁에 바로 사고 현장으로 달려가서 피해자들에게 사죄하고 자신이 모든 책임을 지겠다고 약속하였다. 신속한 피해자 중심의 조치로 피해자들을 감동시켜 단순 건물붕괴 사고로 종결지었다.

감동이란 사람의 마음을 움직이는 것으로 이처럼 기대 이상의 조치를 함으로써 얻을 수 있는 것이다. 그것은 금전적 보상 이전에 진

정으로 사죄하고 피해자의 입장에서 배려하는 마음이 깔려 있어야
가능하다. 최고 책임자의 책임지는 자세가 피해 당사자와 관련자들
을 감동시킬 수 있으며 그것이 위기를 관리하는 최상의 길이다.

STRATEGIC THINKING

전략적 사고로 개선한
군부대 운영 시스템

화장실 도배

A 대위는 1978년 봄 청년 장교로서 포대장을 하고 있을 당시, 국민 주택 규모가 13평 아파트이던 시절 야전 부대 화장실을 도배하였다. 이 사건은 대대를 거쳐 연대 내에 화제가 되었다. 원래 지저분하고 더러운 곳으로 인식하고 있는 화장실을 고급 벽지로 도배를 한 A 대위를 '또라이'라고 수군거렸다. 당시 1970년대에는 "화장실과 처가는 멀어야 좋다."라는 말까지 있었던 시절이었으니 그 사람들의 생각이 오히려 정상이다. 아파트 문화의 확산으로 화장실이 실내로 들어오고 난 후 좋아지기 시작했지만 공중화장실은 2002년 월드컵 이전까지는

정말 형편없었다. 그러니 야전 부대의 화장실은 말할 것도 없었다.

A 대위는 포대장 부임 후 부하들의 건강을 확인할 목적으로 하루에 한 번씩 화장실을 살폈다. 그런데 병사들이 화장실을 너무나 지저분하게 사용하고 있었다. 화장실 내부가 지저분한 것은 말할 것도 없고 눈에 거슬리는 내용의 낙서도 많았다. 화장실을 깨끗하게 사용하라는 지시를 반복해도 나아지지 않아서 화장실을 깨끗하게 유지하는 방법을 고민하기 시작했다.

그러던 어느 날 잔디밭에서 뛰어놀던 강아지가 갑자기 전봇대 뒤로 쪼르르 달려가더니 한쪽 다리를 들고 오줌을 싸고는 돌아오는 광경을 보았다. 그 순간 하나의 아이디어가 A 대위의 머리를 쳤다. "그래! 그거야! 화장실을 안방처럼 만드는 거야." 그는 '강아지도 깨끗한 곳에서는 오줌을 싸지 않는데, 하물며 사람이 깨끗한 곳을 더럽히겠는가?'라고 생각했다.

포대 행정관에게 더러움을 덜 타는 질 좋은 도배지와 그 당시 유행했던 하이패드 장판지를 사 와서 화장실 벽을 말끔하게 도배하고 바닥은 하이패드 장판으로 깔고 뚜껑도 만들어 덮도록 했다. 그런 다음 병사 전원을 불러 모아 놓고 화장실을 깨끗하게 사용하라고 지시한 후 매일 화장실을 둘러보았는데 그 후 화장실은 안방처럼 깨끗하였다.

모든 사람들이 화장실은 더러운 곳이라고 생각하고 더럽게 방치해도 되는 것이라고 생각할 때, A 대위는 '근본적으로 깨끗하게 만들어 주면 깨끗하게 유지될 수 있다.'라는 생각을 하고 있었다. 그렇게 함으로써 당시 군생활이 고달픈 병사들이 화장실에 있는 시간만이라도 편한 마음으로 일을 볼 수 있고 화장실 청소도 쉬울 뿐만 아니라 다른 일에도 깔끔하게 처리하는 습성을 길러 줄 수 있다고 믿었다.

A 포대장은 깨끗한 화장실을 유지하기 위하여 전략의 기만성 중에서 간접성을 활용하였다. 더럽고 지저분한 '뒷간'이 아니라 안방 같은 화장실로 만들어 주어 깨끗하게 사용하고 청소하도록 만들었다. 지저분한 화장실로 인식되어 있고 실제 분위기도 그런 화장실을 깨끗하게 사용하라는 지시만 내려서는 포대장과 부대원 간에 갈등만 증폭될 것이었고 갈등은 불만으로 진화하여 전투력에 나쁜 영향을 미칠 수도 있었다. 화장실을 도배하는 전향적인 생각으로 이 모든 문제를 한꺼번에 해결하였다.

105밀리 공포탄

1978년 5월 포대장 B 대위는 포대전술훈련 시범 지시를 받았다. 그는 그저 밋밋하고 그저 그런 시범이 아닌 뭔가 신통하고 획기적인 시범을 보이고 싶었다. 실제 포를 쏘는 것과 같은 효과음을 낼 수 있다면 좋은 시범을 보일 수 있을 것이라는 생각을 했다. 하지만 부대에는 그런 효과음을 낼 수 있는 어떤 수단도 방법도 없었다.

그렇지만 B 대위는 여러 가지 가능성을 검토하고 또 검토했다. 마침내 당시 부대 인근에 있는 미17 포병대대의 국기 강하식이 머리에 스쳤다. 미17 포병대대는 부자 나라 군대답게 매일 국기 강하식 때 예포를 쏘았다. 예포탄을 얻을 수 있는 방법을 고민한 끝에 미17 포병 대대장을 찾아가서 도움을 요청해 보기로 작정하였다.

B 대위는 시범 일자가 가까워 오는 어느 날 일과 후, 용기를 내어 평소에는 사용이 금지된 포대장 지휘용 지프차를 타고 난생 처음으로 미17 포병대대로 대대장을 찾아갔다. 안내를 받아 찾아가니 대대장은 퇴근 후 장교 클럽에서 사복 차림으로 맥주를 마시고 있었다. B 대위는 찾아온 이유를 설명했다. 대대장은 "얼마나 필요한가?" 물었다. 단지 6발이면 된다고 했더니 대대장은 조건이 하나 있다고 말했다. 자기들도 소모 근거를 남겨 두어야 하니 사격하는 장면 사진을 찍어도 좋으냐고 물었다. 좋다고 동의했더니 그렇게도 원했던 공포탄 6발을 내주었다. 미17 포병대대장으로부터 획득한 105밀리 공포탄 6발을 지프차에 싣고 의기양양하게 돌아왔다. 포대로 돌아와서 전포대 선임하사에게 이것은 이번 시범에 쓸 것이니까 절대 아무에게도 보여 주지 말고 비밀을 지키라고 지시했다.

시범이 시작되었을 때 먼저 자체 방어에 대한 전술토의를 하고 이어서 관측소로부터 사격요구를 받아 전포대가 긴급방열을 하는 과정을 보이기로 계획되었다. 시범 시작 전에 '효력사[20] 명령'이 떨어지면 바로 그 공포탄으로 '포대 하나 발' 사격을 하도록 지시해 두었다. 이윽고 전방 관측자로부터 사격요구가 내려왔다. "O1 전방 관측자 사격임무! 좌표 ○○○○ ○○○○ 방위각 6200 이동 중인 적 전차 1개 중대 조정!" 사격임무를 받은 전포대장은 먼지를 일으키면서 신속하게 6문의 포를 방열하기 시작했다. 기준포가 방열을 완료하자 전포대장은 기준포를 이용하여 사격조정 임무를 비사격[21]으로 마치고 나머지 5문의 포가 방열을 마치자 '포대 하나 발 효력사'를 위해 적색 깃발을 힘차게 들었다.

단상에는 사단 포병단장님을 임석상관으로 하여 사단 포병단 예하 4개 대대장 및 참모 그리고 포대장 등 참관자들이 시범의 마지막 장면을 보고 있었다. 그들은 모두 전포대장의 깃발이 내려가면 그저 4번 포수가 "포구 이상 무!"라고 외칠 것이라고 예상하고 있었다.

그런데 전포대장의 적색 깃발이 내려가자 6문의 포가 일제히 천지

---

20 포병의 사격 방식으로 포대 또는 대대의 중앙의 포를 기준포로 선정하여 관측 장교가 요청한 표적에 수정 사격을 한다. 수정 사격으로 사격할 방위와 거리에 해당하는 사격 제원이 구해지면 이것을 나머지 포에 장입하여 한꺼번에 쏘는 것을 말한다.

21 실제 포탄을 포에 장입하지 않고 사격 절차만 연습하는 행위이다.

를 찢는 듯한 우렁찬 소리와 함께 포연을 내뿜었다. 단상의 모든 분들은 예상치 않았던 6문의 포 소리에 깜짝 놀랐다. 포병단장은 영문을 몰라 멍해 있었고 대대장은 얼굴이 사색이 되어 포대장 B 대위에게 달려와서 "어떻게 된 거야?" 하고 고함을 쳤다. B 대위는 웃으면서 "공포탄입니다!"라고 보고했다. 대대장은 "대포도 공포탄이 있는 거야? 알았다." 하고는 급히 시범장 관람대 단상으로 달려가 단장님께 공포탄을 사격했다고 보고를 드렸다.

포사격 소리에 영문도 모르고 '큰 사고가 난 것은 아닌가?' 하고 긴장을 하고 있었는데 공포탄이라고 아니까 안도와 동시에 모두들 크게 웃으면서 박수를 쳤다. 시범에 관한 토의와 강평이 예정되어 있었는데, 사단 포병단장님이 자리에서 일어섰다. 포대장 B 대위가 "시범 끝!" 보고를 했다. 시범은 토의와 강평은 생략된 채 종료되었다.

이 예상치 못한 사건에 모두가 놀랐지만 그 결과는 아주 신선한 충격으로 남았다. 당시만 해도 대포의 공포탄이 있다는 사실을 상상도 하지 못했다. 우리 군에서는 행사용으로 소량을 국산 조변하여 예포부대에만 공급하던 시절이었다. 따라서 이것은 한국군 최초로 105밀리 화포 공포탄을 사용하여 시범을 보인 이벤트였다. 실전과 같은 시범을 보이기 위해 누구도 생각하지 못한 공포탄을 이용한 효과음은 창의성을, 그 효과를 배가시키기 위해서 공포탄을 은밀하게 보관 운반하여 기습적으로 사격한 것은 은밀성을 활용한 것이다.

훈련장 청소

군단 포병여단 참모장 D 대령은 광활한 훈련장이 쓰레기와 오물로 넘쳐 나는 것을 보고 훈련장을 깨끗이 하는 방법을 고민하고 있었다. 훈련장 사용을 깨끗이 하라는 지시를 여러 차례 내렸지만 전혀 나아지지 않았다. 그러던 중 '포병대대 시험 주 통제관' 임무를 수행하게 되었다. 이 기회를 이용해서 훈련장을 말끔히 청소하면 되겠다는 생각을 하였다.

D 대령은 포병 대대시험에서 전장정리[22]의 중요성을 강조하고 불량한 부대는 총 획득 점수에서 5%를 삭감하겠다는 선언을 하였다. 포병대대 시험은 대대의 명예와 대대장의 경력에 중요하기 때문에 시험받는 대대의 입장에서 주 통제관의 관심사항은 대단히 중요하다.

부대가 훈련장을 이탈한 후 살펴보았더니 훈련장은 깨끗하였고 훈련장의 화장실은 반질반질하게 청소되어 있었다. 각 부대들은 주 통제관에게 보여 주려고 쓰레기와 오물을 트럭에 한 가득 모아서 실어 놓고 있었다. 그 후 그 훈련장들은 항상 깨끗하게 유지되었다. D 대

---

22 전술보안을 위해 부대의 활동 흔적을 없애는 것이다.

령은 전장정리라는 당연한 전술적 활동을 활용하여 훈련장 청소를 하게 만들었다. 전장정리에 대한 항목에 대한 배점이 지나치게 높다는 우려가 있을 수 있으나 대대 전술 훈련 평가를 받는 과정에서 점수는 아주 예민한 포인트다. 따라서 모든 부대가 청소를 열심히 그리고 깨끗이 할 것이니까 어떤 부대에도 5%를 삭감하는 일은 절대 일어나지 않을 것이라는 계산을 하였다.

아무리 강조해도 되지 않던 훈련장의 청결 유지를 주둔제관의 권위와 전장정리라는 전술적 당위성을 결합한 간접적 접근으로 해결하였다.

훈련장의 타워형 물탱크

매립지 훈련장은 넓고 좋지만 훈련 차량이 이동할 때마다 뻘 먼지가 안개처럼 피어올라 훈련하는 병사들이 호흡하기도 곤란한 상태였다. 이처럼 좋지 않은 상황에서 하루 종일 훈련을 하고 난 후 다른 훈련장과는 달리 씻을 곳도 없었다. 부대장이 생각해 보니 훈련 후 씻는 것도 보장되지 않는 훈련장에서 병사들이 땀 흘리며 열심히 훈련할 것 같지 않았다. 그리고 그런 상태에서 땀을 흘리라고 강요하는 것도 옳지 않은 것 같았다. 적어도 훈련을 마치고 자기 전에는 씻을 수 있도록 해 주는 것이 지휘관의 도리라고 생각했다.

해결 방법을 고민하다가 문득 미군 부대의 물탱크[23]가 생각났다. 훈련장에 그런 물탱크를 만들면 되겠다는 생각이 들었다. 상급 부대에 10톤짜리 타워형 물탱크를 만들어 달라고 건의하여 허락을 받았다. 10톤 정도의 타워형 물탱크를 설치하고 옛날 초등학교 운동장에 있던 세면대 같은 모양의 수도꼭지를 20여 개를 만들었다. 그리고 물은 훈련 부대가 물차를 이용하여 물탱크를 채우도록 했다. 병사들이 훈련을 마치고 샤워를 할 정도는 아니라도 뒤집어쓴 먼지는 씻을 수 있었다.

그 후 병사들도 씻을 수 있다는 생각에 땀 흘리는 것을 두려워하지 않는 것 같았다. 지휘관들은 병사들에게 훈련을 열심히 하라고 당당하게 요구할 수 있었다. 훈련성과를 높이는 최선의 방법은 병사들이 스스로 열의를 가지고 적극적으로 훈련에 참여하는 것이다. 물탱크 설치는 병사들이 땀 흘리는 것을 기피하지 않도록 만든 간접적 장치였다. 훈련성과를 높이기 위하여 병사들의 훈련 참여 의지까지 사고의 범위를 확대하였으며 그 실행 방안으로 기만성 중 간접성을 적용한 전략적 사고다.

---

23 평지의 미군 부대에는 반드시 타워형 물탱크가 있다.

충의 영락 교회

포병여단 본부는 규모가 작아서 부대 교회가 낡고 협소해도 새로운 교회를 짓는 것이 쉽지 않았다. 부대 규모가 작고 군목의 계급도 대위인지라 후원 교회를 찾기도 힘들었다. 그런데 군목은 새 교회를 짓고 싶어 했다. 그런데 부대 정문 앞에는 정원수를 키우는 농장이 있었다. 농장의 주인은 아주 독실한 기독교 신자로 평양에서 월남하여 성공한 분이셨다.

여단장은 그분에게 새 부대 교회 신축을 상의하면 될 것 같은 생각이 들었다. 여단장은 휴일 같은 날에는 자연스럽게 그 분을 만나서 차를 마시거나 식사를 같이하기도 하였다. 그러던 중 어느 날 교회에 관한 이야기가 나오게 되었다. 여단장은 그분에게 부대 교회를 새로 짓고 싶은데 사정이 여의치 않다고 하면서 "내 집 안마당에 성전을 짓는다면 그 얼마나 영광이겠습니까?"라고 말씀을 드렸다. 그랬더니 그 자리에서 바로 흔쾌히 위병소 바로 곁에 있는 땅 120평을 교회 부지로 내어 주시겠다고 했다.

그리고 교회 건축비 문제를 걱정하였더니 그분이 다니시는 서울 영락교회에서 지어 주도록 주선해 주시겠다고 말씀하셨다. 그 후 몇 개월 후 어느 날 영락교회 관계자 열 분 정도가 여단장을 찾아왔다.

여단장은 감사한 마음으로 최대한 예우를 갖춰 영접하고 그 자리에서 미래에 안보 상황이 호전되어 부대가 이동하게 되면 연고권을 주장할 수 있도록 교회 이름을 '충의 영락교회'로 짓겠다고 약속하였다.[24] 여단장 이임을 며칠 앞둔 어느 날, 기부해 준 교회 부지에서 서울 영락교회 관계자들과 '충의 영락교회' 기공 예배가 있었고 그 후, 건평 100여 평으로 멋진 교회가 지어졌다. 충의 영락교회는 지금도 장병들의 신앙 활동에 크게 기여하고 있다.

여단장은 부대 교회를 새로 짓기 위해 농장 주인이 독실한 기독교 신자라는 것을 알고 비록 자신은 불교 신자이지만 농장 주인의 종교 입장에서 대화하였다. 교회 문제를 오직 부대 병사들의 종교 활동 보장이라는 차원에서 모든 종파를 고려하는 전체적 차원에서 접근하였으며 먼 후일 부대가 이동했을 경우에 교회의 연고권 문제까지 고려하여 후원 교회의 이름이 들어가도록 명명하였다. 이것은 전략의 속성 중에서 기획성의 구성 요소인 미래성과 전체성이 모두 적용되었다.

포병학교 교실의 천장 선풍기

포병학교 교수부장으로 부임하여 학생들이 수업 중인 교실을 둘

---

24 당시 대부분의 부대 교회는 '호국 ○○교회'라는 식으로 이름 짓는 것이 관례였다.

러보다가 깜짝 놀랐다. 5월 중순인데도 교실 안은 찜통 그 자체였다. 이런 상태로는 교육의 능률이 오를 것 같지 않아 무엇이 문제인가 찾기 시작했다. 자세히 살펴보니 오버헤드 프로젝터 사용 때문이었다. 오버헤드 프로젝터는 암막 커튼을 쳐야 하기 때문에 창문을 열지 못한다. 중앙 냉풍 시스템이 가동되고 있었지만 더웠다. 창가를 연해 설치된 라디에이터로부터 나오는 냉풍이 교실 전체로 퍼지지 못하고 있었다.

교수부장은 이 문제를 해결하려면 창가를 연해서 설치된 라디에이터로부터 나오는 냉풍을 교실 전체로 확산시켜야 한다고 생각했다. 생각이 여기까지 미치자 호텔 로비에 있는 천장에서 천천히 돌아가는 선풍기가 떠올랐다. 호텔 로비 천장 선풍기를 벤치마킹하기로 하고 교실 천장에 공기 순환 선풍기를 설치하기로 결심했다. 하지만 예산이 문제였다. 예산 담당관에게 가용 예산을 확인해 보니 교실 관리비가 있었다. 그러나 그 예산은 현재 교실의 의자 교체 예산이기 때문에 예산항목 변경이 불가능하다고 했다. 그렇지만 아직도 쓸 만한 의자를 교체하는 것보다는 천장에 공기 순환 선풍기 설치가 더 시급하다고 판단했다.

상급부대 예산 실무자에게 예산항목 변경 가능 여부를 문의했다. 공기 순환 선풍기가 교실에 부착하는 물건이므로 가능하다는 유권해석을 받았다. 샘플을 가져다가 교실 천장에 설치해서 냉기가 고루 퍼지는지를 확인한 후, 약 1200만 원을 들여 큰 교실은 6개, 보통 교실은 4개씩 설치하였다. 설치 후 교실 냉방효과를 측정해 보니 2~3도 정도 내려갔다.

창가 라디에이터에서 나오는 냉풍을 교실 전체로 확산시키기 위하여 호텔 로비 천장의 선풍기를 벤치마킹한 것은 전략의 속성 기만성 중에서 창의성[25]을 끌어온 것이다. 이것은 사고의 영역을 병과학교 교실에 국한하지 않고 호텔의 로비까지 확대한 사고의 확장성 차원에서도 전략적이다.

빔 프로젝터 일괄 구매

2002년 봄까지 육군 포병학교에는 총 11대의 교육용 빔 프로젝터가 있었다. 하지만 그 빔 프로젝터는 수요에 비해 부족하여 구식인 오버헤드 프로젝터를 같이 쓰고 있었다. 오버헤드 프로젝터는 차광을 위하여 암막 커튼을 쳐야 하므로 여름에는 교실이 더워 학생들이 고생하고 교관들은 교과 내용을 오버헤드 프로젝터용과 빔 프로젝

---

25 창의성은 카피, 벤치마킹, 발명으로 구성되어 있는데, 벤치마킹은 발명 다음으로 중요한 요소다.

터용을 각각 따로 만드는 수고를 감수해야 했다. 그럼에도 이 문제를 해결하지 못하고 있었다.

　교수부장은 이 문제를 해결해야겠다는 생각에 "모든 교육을 빔 프로젝터로 하려면 몇 대가 부족하냐?"라고 담당자에게 물었다. 대답은 "잘 모른다."였다. 한 번도 고민해 본 적이 없다는 뜻이다. 그래서 피크 타임에 몇 대가 필요한지 산출해 보라고 지시하였다. 며칠 후 담당자가 '필요한 빔 프로젝터는 총 19대' 라고 보고했다. 그렇다면 당시 이미 11대가 있었으니 8대만 있으면 오버헤드 프로젝터 없이 교육이 가능하다.

　다행스럽게도 그 해에 구매 할당된 빔 프로젝터가 8대였다. 그런데 예산의 "연중 균형집행 원칙" 때문에 8대를 4개 분기로 나누어 분기당 2대씩 구매하도록 되어 있었다. 19대의 빔 프로젝터가 필요한 시기는 학군장교들의 교육이 시작되는 3월이다. 따라서 늦어도 2월 말까지 8대를 구매하면 되었다. 예산이 품목별로 단순히 산술적 분기별로 나눈 것이었지만, 집행 원칙을 변경할 수가 없었다.

　교수부장은 계획된 8대를 1/4분기에 동시 구매하는 방법을 찾고 있었다. 8대를 일괄 납품받고 대금은 분할하여 집행하는 할부 구매 방식이면 가능할 것으로 판단하였다. 실무담당자에게 할부 구매 방식을 빔 프로젝터 판매업자와 협의해 보라고 지시했더니 의외로 쉽게 판매업자의 동의를 받아 왔다. 학군장교가 대거 들어오는 3월 이전에 빔 프로젝터 8대를 동시에 구매하여 강의 피크 타임에도 충족할 수 있는 19대를 모두 확보하였다.

교관은 수업 준비 부담이 줄었고 학생들은 여름에도 시원한 교실에서 빔 프로젝터로 투사된 좋은 화면으로 공부할 수 있게 되었다. 추가 예산 없이 단지 빔 프로젝터 구매 방법을 변경함으로써 가능했다. 아무도 군에서 할부 구매를 생각하지 못했을 때 군 외부의 세계까지 고려한 전체적인 사고로 시중의 구매 방식을 벤치마킹하여 많은 문제를 동시에 해결하였다.

겨울의 대공초소

전방의 높은 고지에는 적의 항공기 내습을 경고하고 대응하기 위한 대공초소가 있다. 사단장이 어느 겨울날 향로봉 대공초소를 방문했다. 영하의 날씨에 바람까지 불어 체감 온도가 영하 50도를 오르내리고 있었다. 너무 추워서 5분을 견디기가 힘들었다. 초병은 비록 넘어지면 스스로는 일어서지도 못할 정도의 두툼한 동계 복장을 착용하고 있었지만 한 시간을 견디기가 힘들 것 같았다. 초소 안으로 들어가 보니 바람이 없어 견딜 수 있을 것 같았다.

대공 초소는 적 항공기의 내습을 감시하기 위하여 근무 수칙에 초병 중 한 명은 반드시 초소 밖에서 근무하게 되어 있다. 한 명이 반드시 초소 밖에서 근무해야 하는 이유는 귀로는 소리를 듣고, 눈으로는 비행체를 확인해야 하기 때문이다. 만약 초소 안에서 비행체 소리를 귀로 듣고, 형태를 눈으로 볼 수 있다면 굳이 추운 초소 밖에서 고생할 이유가 없다.

이렇게 추운 날에는 비록 근무 수칙이 그렇게 되어 있다고 해도 감독이 소홀한 시간대에는 외곽 근무 초병이 초소 내에서 머물 가능성 높다는 생각이 들었다. 만약 그렇게 된다면 먼저 대공 초소 임무가 소홀해질 것이고 근무 명령을 위반한 초병은 마음이 불편할 것이다. 외곽 초병이 실내에 있는 것이 순찰 중에 적발되면 처벌할 수밖에 없는 상황에 처한다. 이런 일이 반복되면 부대 분위기가 나빠져서 사고로 연결될 가능성이 크다는 데까지 생각이 미쳤다.

이런저런 걱정과 고민 끝에 사단장은 초소의 천장을 투명형 돔식으로 만들고 창문에 청음구[26]를 뚫어 주면 해결될 것이라고 생각하였다. 관계관에게 지시하여 투명 아크릴로 돔식 지붕과 창을 만들고 항공기 소리를 들을 수 있는 청음구도 뚫었다. 투명형 돔식 대공초소에서는 더 이상 초병들이 추운 겨울에 초소 밖에서 고생을 하지 않아

---

26 76 데시벨 이상을 들을 수 있으면 적 항공기 감시가 가능하다.

도 되었다. 부가적으로 초병과 순찰근무자 간의 숨바꼭질을 할 필요
도 없어지고 거짓말을 할 가능성도 원천 배제되었다. 대공초소의 목
적을 달성하면서도 병사들의 고통을 줄이는 동시에 잠재적 부대 관
리의 문제점까지 전체적으로 고려한 결과물이다.

조기 수료제 신병 교육 훈련

우리 군의 신병 교육은 효율성 측면에서 문제가 있다고 생각하고
있던 사단장은 부임하자 곧 사단 신병 교육 시스템을 개선하기로 했
다. 우리나라 입대 장정들은 세계 최고 수준이다. 대다수 대학 재학
중이거나 졸업생이므로 신체가 건강하고 지적 능력도 뛰어나다. 그
런데 신병교육을 수료하고 나면 자기의식이 결여된 로봇 '마징가 제
트'가 되어 버리는 것이 현실이다. 따라서 사단장은 두뇌가 없는 '마
징가 제트'가 아니라 어떠한 상황에서도 임무를 완수할 수 있는 '맥가
이버 형의 전투병'을 만들고 싶었다.

맥가이버 형의 전투병을 만드는 것은 입대하기 전에 가지고 있던
우수한 지적 능력에 전투기술만 부과하는 방법을 찾으면 가능하다
고 생각하였다. 의무적으로 강제 징집된 병사들을 적극적이고 능동
적으로 훈련에 참여하게 만드는 방법은 적절한 인센티브를 주는 것

이라고 판단하고 신병 훈련 과정을 검토하였다. 당시 신병 교육 훈련
은 6주였는데, 그중 마지막 1주는 반복 숙달기간이었다. 따라서 5주
훈련 후, 상위 20%에게는 '마지막 1주를 쉬게 해 주는 인센티브'를
주기로 하였다.[27] 사단 휴양소에서 숙식하면서 운동 경기, 주변 전적
지 답사 등으로 시간을 보내도록 배려하였다.

　교육 훈련을 간 훈련병들이 쉽게 이해할 수 있도록 교과내용을 개
편하고, 강압적 분위기를 배제하기 위하여 어떠한 경우에도 얼차려
를 주지 못하게 하였다. 곧 효과가 나타나기 시작했다. 과거 훈련병
들과는 달리 능동적으로 움직이기 시작하였다. 훈련병들이 휴식시
간에 교관이나 조교를 찾아와서 이해하지 못했거나 궁금한 점을 질
문하는 경우도 있었고 자신의 의사를 자유스럽게 표현하고 자발적
으로 움직이기 시작하였다. 이들이 신병 교육 수료 후 자대에 배치되
자 빠른 시간 내에 부대환경에 적응하여 맡은 바 임무를 매우 훌륭하
게 수행하는 것을 볼 수 있었다. 약간의 문제는 신병들이 너무 노숙
하다는 선임병들의 불평이었다.

　과거 방식으로 교육 훈련된 병사들은 신병 교육대에서 '마비되었
던 의식 체계'가 정상을 찾는 데 '빠른 병사는 8개월, 늦은 병사는 12

27　최초에는 바로 수료 후 자대로 배치하려고 했으나 병사들의 입장에서는 일주일 먼저 자
　　대 배치되는 것을 싫어할 것이라는 분석 평가가 있어서 사단 휴양소 등을 이용하여 휴
　　식을 하도록 하였다.

개월'으로 평균 10개월이 걸린다는 경험칙이 있다. 따라서 복무기간 중 절반은 자의식이 없는 상태에서 근무하게 된다는 결론에 이른다. 그러므로 우리 군의 실제 전투력은 외형 전투력의 50% 정도라고 해도 무방하다. 조기 수료제 신병 교육은 신병들이 자대 배치 후 바로 자신의 능력을 100% 발휘하게 되므로 추가적 예산 투자 없이 군 전투력의 손실을 완벽하게 방지할 수 있다.

이 제도는 만연해 있던 신병 훈련의 억압 분위기를 제거하여 훈련병들이 자발적으로 훈련에 참가하고, 자의식이 분명한 가운데서 전투병이 되는 데 필요한 교육 훈련 내용의 수용성을 높이려고 시도된 것이다. 분위기 조정을 통하여 교육 훈련성과를 제고하기 위한 간접적 접근 방식의 전략적 사고다.

STRATEGIC THINKING

전략적 사고로 성공한
국가 지도자

신라의 김춘추

신라 제29대 태종무열왕 김춘추는 조부인 25대 진지왕이 황음무
도해 왕위를 박탈당해서 집안이 성골에서 진골로 격하된 왕족이었
다. 진골로 신분이 떨어졌어도 김춘추는 원래 성골이었기 때문에 마
지막 성골 제28대 진덕여왕이 사망하면 왕위 계승 가능자였다. 이러
한 그는 왕위 계승을 위해 가야 왕족 출신의 무장인 김유신과 손을
잡기로 했다. 김유신은 무예가 출중한 맹장이나, 가야 출신이라는 신
분적 약점을 가지고 있었다. 따라서 진골로 격하된 김춘추와 김유신
의 신분상 불리함이 두 사람을 친밀하게 만들었다. 김유신이 여동생

문희를 김춘추에게 주려는 아부를 하자 군사력이 필요했던 김춘추는 김유신의 아부를 받아들였다. 정치·외교의 달인 김춘추는 김유신의 군사력을 얻어 막강해졌다. 647년 상대등 비담이 반란을 일으키자 김춘추와 김유신이 협력하여 진압하였다.

642년 신라의 대야성이 백제군에게 함락당하고 김춘추의 사위인 성주 김품석 부부가 백제군에게 살해당하는 일이 있었다. 원한을 품은 김춘추는 백제를 공격하기 위해 고구려와 군사 연합을 추진하려고 했으나 실패했다. 군사 연합을 위해 고구려에 사신으로 간 김춘추는 고구려 영류왕이 가두고 살해하려 해 겨우 탈출해 돌아왔다. 고구려와의 협력에 실패한 김춘추는 당나라와 제휴를 생각했다. 작은 국가가 강대국의 힘을 이용하려면 아부도 해야 한다고 생각한 김춘추는 신라 조정이 당의 제후국을 자처하며 자세를 최대한 낮추도록 했다. 구체적으로 보면 당의 연호를 사용하고 조공을 바침은 물론, 진덕여왕이 친히 당을 찬양하는 태평송을 비단에 수를 놓아 당 태종에게 바치기까지 했다. 648년 김춘추는 아들 김문왕과 함께 당나라를 찾아가서 태종에게 극진히 아부했다. 당 태종이 기분이 좋아져, 백제와 고구려를 정복한다면 백제 전 국토와 고구려 평양이남 땅을 신라에 주겠다고 약속하자 김춘추는 아들 문왕을 볼모로 당에 남겨 두고 왔다. 이렇게 신라는 저자세 아부 외교로 당과 전략적으로 제휴하였다.

654년 진덕여왕이 사망하자 왕위에 오른 김춘추는 660년 당나라와 함께 백제를 멸망시키고 후일을 아들 김법민(30대 문무왕)과 김유신에게 맡기고 661년 사망했다. 힘이 없으면서도 굽히지 않는 약소국에는 강대국의 무자비한 공격과 잔인한 지배만 있었다는 것을 역사는 보여 주고 있다. 약자가 강자의 힘을 필요로 하면 전략적으로 제휴할 필요가 있다. 그러려면 강자를 기쁘게 해 주어 내 편으로 합류시킬 수 있는 아부가 필요하며 이러한 아부는 굴욕이 아니고 국가적 승리를 위한 중요한 전략적 수단의 하나다.

고려의 서희 장군

고려 성종 때 거란의 소손녕은 10만 대군을 이끌고 고려를 침공했다. 이에 고려는 서희 장군이 나아가 거란과 싸움 대신 협상으로 오히려 강동 6주를 할양받고 거란 군을 물러나게 했다. 우리나라 역사에서 보기 드문 전략적 협상을 성공시킨 경우다. 어떻게 그것이 가능했을까?

서희 장군은 그 당시 동아시아 국제 정세를 전체적으로 정확히 읽고 거란이 고려를 침공한 숨은 의도를 정확히 간파하였다. 즉, 거란은 송나라를 정벌해서 중국에 대국을 수립하는 것이 근본 목적이었다. 그런데 고려는 송나라와 전통적인 동맹관계를 유지하고 있었으므로 만일 거란이 송과 전쟁을 치를 경우 고려가 배후에서 공격을 할 것을 우려한 나머지 거란은 송과의 전쟁을 치르기 전에 배후를 안정시키기 위해서 고려를 침공한 것이다.

이러한 의도를 간파한 서희 장군은 소손녕에게 "우리 싸우지 말자, 송나라와 관계를 끊겠다."라고 제의하였다. 소손녕은 고려가 송나라와 관계를 끊겠다고 하니, 전쟁의 목적은 이미 달성한 것이나 다름없었다. 그러므로 고려와의 전쟁으로 더 이상 전력을 손실시킬 필요가 없었던 것이다.

서희 장군은 1단계 협상에서 성공하고 이어서 2단계 협상을 시도하였다. 소손녕 장군의 말고삐를 잡고 "내가 개경에 돌아가면, 어려움이 있을 수 있다. 고려에는 화친파뿐만 아니라 강경파도 있을 터, 강경파를 설득시키기 위해서 강동 6주를 할양해 달라."라고 요구했다. 이에 소손녕은 가만히 생각하다가 강동 6주를 고려에 할양해 주기로 하였다. 강동 6주는 당시 여진족이 살고 있었고 이것은 송나라를 정벌하여 대국을 이루는 데 전혀 상관관계가 없는 것이었다.

결과적으로 서희 장군은 손자가 말하는 부전승 전략을 완벽하게 구사하였고 부가하여 강동 6주의 덤까지 챙겼다. 이는 미래적이고 전체적인 맥락에서 전략적 상황을 정확히 파악하여 대안을 찾아내는 전략적 통찰력을 유감없이 발휘한 결과다.

명나라 진린 제독과 이순신 장군

임진왜란 막바지에 명나라의 진린 제독의 함대가 조선을 도우러 오면서 먼저 한양에 들렀는데 소문대로 진린 제독은 성격이 흉포했다. 그의 비위를 거스른 조정 대신들이 온갖 수모를 당하고 곤장까지 맞았다. 이렇게 한바탕 난리를 피우고 조선 수군과 합류하러 남쪽으로 내려갔다.

대쪽 같은 성격의 이순신 장군이지만 철저한 을의 입장에서 바짝 엎드려 진린 제독을 맞았다. 그는 조선 함대를 이끌고 수십 리 뱃길 마중을 나갔다. 저녁에 푸짐한 주안상을 차려 융숭하게 접대하고 오자마자 첫 승리를 거두었다고 명 황제에게 보고하라고 왜적의 수급 수십 개를 '뇌물'로 주었다.

이순신 장군께서 진린에게 굽실거린 이유는 오직 나라를 구하기 위해서다. 조선의 힘만으로는 도저히 왜적을 물리칠 수 없었기에 어떻게든 진린의 비위를 맞춰서 왜적을 함께 몰아내야 한다는 보다 큰 대의를 위해 자신의 자존심을 과감히 접어 버렸다. 그러자 이순신 장군의 인격에 감복한 진린 제독은 자신의 부하들에게 장군보다 한 발자국이라도 앞서 걷지 말라고 엄명했다. 이 말은 명나라 군사들이 이순신 장군의 지시에 따르라는 뜻이었다. 나라를 위해서라면 철저한 을로 자존심을 접고서 협상하는 바로 이런 점이 이순신 장군의 진짜 존경받을 진면목이었다. 자신의 체면이나 자존심보다 나라의 안위를 우선으로 생각하는 이점이 바로 전략적 사고다.

명량 해전에서 이순신 장군

1597년 9월 16일 전라남도 진도군 명량(울돌목: 현재 진도대교가 놓여 있는 자리) 수로에서 토도가 지휘하는 왜군 함선 330척을 맞아 이순신 장군은 단 12척의 함선으로 대승을 거두었다. 토도가 지휘하는 왜 수군은 왜선 330척으로 9월 7일 해남반도의 어란포에 진출해 있었다. 이들은 진도와 화원반도 사이의 명량 수로를 통과하여 서해안으로 진출, 북상하는 육군을 호응하기로 되어 있었다. 명량 수로는 폭이 좁고 조수의 간만 시 유속이 매우 빠른 곳이었다.

왜 수군이 어란포에 이르렀다는 보고를 받은 이순신 장군은 9월 15일에 진영을 명량 서쪽의 전라 좌수영으로 옮기고, 간만 시에 조류가 역류하는 현상을 이용하여 이곳에서 왜 수군을 격파하기로 하였다.

드디어 9월 16일, 왜 함선 130여 척이 명량 수로로 진입하였다. 이에 이순신 장군은 휘하의 전 함선 12척을 이끌고 명량 수로의 서쪽 출구를 봉쇄하였다. 밀물을 타고 소로 동쪽 입구로 진입한 왜군 함대가 일렬종대로 수로를 통과하여 선두가 서쪽 출구에 도달하였을 무렵, 밀물이 썰물로 바뀌어 조수가 역류하기 시작하였다. 이때, 이순신 장군은 피란선 1백 여척을 배후에 전개시켜 주력 함대가 있는 것처럼 위장한 가운데, 12척의 함선 등으로 왜군 함대의 선두를 공격하였다. 지자포, 현자포 등으로 왜군 함선을 격파하면서, 화살로 선상의 적병을 사살하였다. 왜군 함대는 역류하기 시작한 조수의 급류에 휩쓸려 그들 함선끼리 부딪치고, 조선 수군 함선으로부터 화포 공격을 받아 혼란에 빠졌다. 이 와중에서 조선군 함선은 단 한 척의 피해도 없이 31척의 왜군 함선을 격침시키고, 적장 토도에게 중상을 입혔다.

이순신 장군은 평소와 같이 척후병을 전방으로 보내 왜군의 움직임을 철저히 파악하고 그들이 서해안으로 진출하리라는 판단을 하고 있었다. 단 12척으로 330척과 대적한다는 것은 상식적으로 불가능하다. 그러나 이순신 장군은 오로지 나라를 구해야 한다는 신념으로 유리한 전장을 만들기 위해 고심한 결과 일렬종대로 진출할 수밖에 없는 좁은 명량 수로를 택했다. 동시에 명량 수로의 빠른 조수 역류를 이용하기 위하여 공격 개시 시간을 조절하여 많은 왜선이 전투력을 발휘할 수 없게 만들었다. 또한 왜군의 장기인 근접전을 피하고 화포와 화살로 공격하는 원거리 전투를 세획하였다.

6.25 전쟁 중의 이승만 대통령

6.25 전쟁 중이던 1953년 5월 유엔군사령부는 극비리에 에버-레디 (Ever-ready)라는 작전 계획을 수립하였다. 대한민국 이승만 정부를 붕괴시키고 이 대통령을 감금하는 작전이었다. 이 대통령의 휴전 반대 때문이었다. 1953년 5월부터 7월까지 3개월간 '이승만 대(對) 미국'의 살벌한 갈등은 약소국이 살아남는 지혜가 무엇인지를 보여 주는 한편의 교과서다.

1951년 시작된 휴전 회담을 한국은 받아들일 수 없었다. 국토와 국민이 결딴났는데 통일도 없이 분단된다는 것은 새 지옥의 시작이었다. 그러나 미국은 3.4만 명 이상의 미군 인명 손실에 대한 국내 여론 악화와 막대한 전쟁비용 때문에 전쟁을 지속하기 어려웠다. 이승만 대통령은 이대로 휴전이 이뤄지면 미군은 한국을 떠날 것이고 고립된 섬으로 남는 한국이 중·북·소련에 의해 적화되는 것은 시간문제라고 보았다. 그렇지 않으면 일본 세력권에 편입될 수밖에 없다는 것이 이승만 대통령의 전망이었다. 미국이 그걸 원하고 있었다. 이승만 대통령에게는 다른 선택지가 없었다.

1953년 3월 스탈린이 죽자 휴전 회담이 다시 활기를 띠었다. 이승만은 4월 22일 중공군의 북한 주둔을 허용하는 휴전 협정이 맺어지면 한국군은 유엔군에서 이탈해 독자적으로 싸울 것이라고 선언했다. 미국은 이를 심각하게 받아들였다. 클라크 주한 유엔군사령관은 이승만 대통령 보호 감금과 임시정부 수립을 미국 정부에 건의하기에 이르러 미 국무부까지 동조해 5월 에버-레디작전이 수립되었다.

사실상 한국은 독자 전쟁이 불가능했지만 그럼에도 이승만 대통령이 독자 전쟁을 선언한 이유는 바로 한·미 동맹(상호방위조약) 체결을 위한 것이었다. 그것만이 공산 세력과 일본의 재침을 막는 유일한 방패라고 보았다. 미국에선 한국과의 동맹은 불필요하다는 견해가 다수였기 때문에 한국이 미국과 동맹을 맺으려면 '너 죽고 나 죽자.'라고 나서는 수밖에 없었다.

미국 국무부, 국방부, 합참의 합동 회의에서 격론이 있었는데, 5월 30일 이승만 대통령의 요구를 들어주는 것 외에는 6.25 전쟁을 중단시킬 방법이 없다는 결론이 났고 에버-레디작전 계획은 폐기됐다. 같은 날 이승만 대통령은 아이젠하워 대통령에게 친서를 보내 한·미 동맹을 맺으면 휴전에 동의하겠다고 했다. 아이젠하워 대통령은 동맹이 아니라 미 정부의 '한국 방어' 성명과 군사지원 행정 협정을 맺자고 하면서 10억 달러 경제 원조도 제시했다.

이승만 대통령은 '조약'이 아니면 미국을 붙잡아 둘 수 없다는 판단하에 일언지하에 거절했다. 이런 가운데 6월 8일 유엔군과 공산군

사이에 포로 송환 문제가 타결됐다. 한·미 동맹 문제가 해결되지 않았는데 휴전이 목전에 온 것이다. 이승만 대통령은 휴전 회담을 무산시킬 목적으로 6월 18일 3만 5000여 명의 반공 포로 석방이라는 극약 처방을 내렸다. 이승만 대통령은 그 다음 날 주한 미 대사에게 "이것이 자살 행위라 해도 그것은 우리의 특권이다."라고 하면서 한·미 동맹 없이 휴전이 되면 자살도 불사하겠다는 결의를 보였다.

이렇게 되자 아이젠하워 대통령은 이승만 대통령을 '정신착란자'라고 격렬하게 비난했다. 그러나 이승만 대통령은 굴하지 않고 아이젠하워 대통령에게 편지를 보내 '한·미 동맹 없이 휴전되는 것은 한국에 대한 사형 집행'이라고 했다. 그러면서 7월 9일, 휴전에 반대하지 않는다는 약속과 함께 한·미 동맹 조약 초안을 제시했다. 미국은 이승만 대통령이 어떤 행동이라도 할 수 있는 사람이라고 판단하고 어쩔 수 없이 방위조약을 맺을 특사를 한국에 파견했다.

그러나 미국 측 초안에는 '한쪽이 공격받으면 다른 한쪽이 자동 개입한다.'라는 동맹 조약의 핵심 부분이 없었다. 이승만 대통령은 미 특사에게 한·일 합방과 한반도 분단에 대한 빚을 갚으라고 요구했다. 그러나 미국에서 전쟁 참여는 행정부가 아닌 상원의 권한이었다. 이를 해결하는 방안으로 이승만 대통령은 우회로를 택했다. '한쪽에 대한 공격을 다른 쪽에 대한 공동 위험으로 보고 각자 헌법에 따라 행동한다.'라는 조항을 신설하고 바로 그다음에 '미군의 한국 주둔'을 규정했다. 미군이 주둔하면 유사시 개입하지 않을 수 없기 때문이다. 외교 귀재의 발상이었다. 1953년 7월 27일 휴전이 성립됐고 8월 8일 서울에서 한·미 외교장관이 동맹 조약에 서명했다.

한·미 동맹은 국민의 피와 모든 것을 건 한 지도자의 필사적 투쟁으로 이뤄낸 것이다. 이승만 대통령은 전쟁 중인 상태에서 한·미 동맹으로 '우리 후손들이 여러 대에 걸쳐 갖가지 혜택을 누릴 것'이라고 생각했다. 지금 우리는 그 혜택을 누리고 있다. 이승만 대통령의 미래와 전체적 안보 상황을 통찰한 혜안이 없었다면 오늘의 대한민국은 없었을지 모른다.

영국의 엘리자베스 1세

엘리자베스 1세가 왕위를 물려받은 1558년, 영국은 내전으로 고통받고 있었고 재정 상태는 엉망이었다. 이에 비해서 스페인은 막강한 군사력을 가진 강대국이었다. 그런데 스페인 왕 펠리페 2세는 독실한 가톨릭 신자로서 개신교의 보급을 막는 것을 개인적인 소명으로 여기고 있었다. 따라서 펠리페 2세는 유럽 대륙에서 개신교가 퍼져나가는 것을 막는 것은 물론 영국에도 가톨릭교회를 부흥시키겠다는 야망을 품었다.

펠리페의 의중을 파악한 영국의 대신들은 전쟁이 불가피하다는 생각을 갖고 영국군대를 네덜란드와 벨기에에 파견할 것을 엘리자베스 1세에게 권유하였다. 그러나 여왕의 생각은 달랐다. 여왕은 스페인을 재정적으로 파괴하여 영국을 안전하게 보호해 줄 그런 전쟁을 하고 싶어 했다. 따라서 여왕은 대신들의 건의를 받아들이지 않고 펠리페를 자극하지 않으면서 스페인과 평화를 유지하는 데 힘썼다. 여왕은 스페인이 신세계에서 점점 더 영토를 확장해 가면서 막강해졌지만 그 식민 제국이 너무 멀리 떨어져 있는 약점이 있다는 것을 알고 해군력 증강을 위한 자금 비축 시간을 벌고자 했다.

식민지 제국을 유지하고 거기서 부를 실어 나르기 위해 펠리페 2세는 거대한 함대에 전적으로 의존하고 있었는데 이는 이탈리아 은행가들에게 막대한 자금을 빌려 마련한 것이었다. 이 말은 곧 은행가들에게 그의 신용을 입증하려면 신대륙에서 금을 싣고 오는 배의 항로가 안전하게 보장되어야 한다는 의미였다.

엘리자베스 여왕은 영국에서 가장 뛰어난 해군 제독인 프랜시스 드레이크 경을 스페인 보물선이 지나는 항로에 파견했다. 그 배는 누가 보아도 해적에 지나지 않았다. 펠리페의 보물선 한 척이 포획될 때마다 보물선에 대한 위험도가 증가하여 대출에 붙는 이자율이 올라갔고 그 결과 펠리페 왕이 1582년 영국 침공을 위한 함대를 파견하려 했지만 자금의 부족으로 연기할 수밖에 없었다.

엘리자베스 여왕은 펠리페의 신용을 파괴하기 위하여 힘쓰는 한편 영국의 정보 네트워크를 세워, 이를 유럽에서 가장 정교한 정보기관으로 만들어 활용하였다. 이를 통해서 그녀는 펠리페에 대한 정보를 끊임없이 수집하여 함대의 규모가 얼마나 클지, 언제 출항할지를 정확히 파악하였다.

1588년 여름 스페인의 무적함대는 20척의 칼레온을 포함한 배 128척으로 7월에 리스본을 출항했다. 그러나 정보를 입수한 엘리자베스 여왕은 작고 기동력 있는 함대를 보내 보급선을 침몰시켜 무적함대를 혼란에 빠뜨렸다. 무적함대는 마침내 프랑스 칼레항에 닻을 내렸다. 그곳에서 네델란드와 벨기에 주둔 스페인 군대와 합류할 예정이었다. 이에 영국은 스페인의 원군 보강을 방해할 목적으로 배 8척을 모아 가연성 물질을 가득 싣고 빽빽하게 대형을 이룬 스페인 함대를 향해 돌진하였다. 그 결과 스페인 함대는 불길에 휩싸여 아비규환을 이루었으며 앞다투어 빠져나가려는 배들이 충돌하는 바람에 함대의 질서는 완전히 와해되었다.

칼레에서 보급품과 배를 잃은 스페인 함대는 기강과 사기가 떨어져 더 이상 영국을 침공할 수 없었으며 남은 배들은 영국 해군의 추격을 피하기 위해 스코틀랜드와 아일랜드를 돌아 귀항하고자 했다. 엘리자베스 1세는 패퇴하는 스페인 배를 추격하는 수고를 들이지 않고 그쪽 바다의 험한 날씨가 스페인 함대를 파괴하도록 두었다. 그 결과 스페인의 무적함대는 44척의 배가 소실되었고 나머지도 항해가 불가능할 정도로 파괴되었다. 반면 영국은 단 한 척의 배도 잃지 않았으며 전사자 수는 100명도 채 되지 않았다.

통쾌한 승리 후에도 엘리자베스 1세는 승리감에 도취해 시간을 낭비하는 일은 하지 않았다. 그녀는 예산을 절약하기 위하여 해군을 축소하였으며 대신들이 승리의 여세를 몰아 스페인을 공격할 것을 종용하였지만 그녀는 결코 듣지 않았다. 그녀의 목표는 분명히 펠리페 2세의 자원과 재정을 고갈시켜 유럽의 가톨릭 지배와 영향력을 행사한다는 그의 꿈을 좌절시키는 것이었다. 결국 스페인은 무적함대의 패배 후 재정적으로 회복하지 못하고 영국을 향한 야욕을 포기하였다.

엘리자베스 1세는 스페인이 재정적 어려움을 겪게 만들면 영국 침공은 불가능하다는 사실을 간파하였다. 그 재정적 어려움 조장은 식민지로부터 오는 보물선을 납치하여 대출이자를 증가하게 만들었다. 이를 통하여 스페인의 무적함대가 영국침공 준비를 지연시킴으로써 영국이 해군력을 증강하는 데 필요한 시간을 벌었다. 전형적인 간접적 접근 방식이다.

영국의 선장 스콧 대령

1852년 2월 남아프리카공화국 케이프타운 근처 바다에서 영국 해군 수송선 버큰헤드호가 암초에 부딪혀 가라앉기 시작했다. 승객은 영국 73보병연대 소속 군인 472명과 가족 162명이었다. 구명보트는 3대뿐으로 180명만 탈 수 있었다. 탑승자들이 서로 먼저 구명보트를 타겠다고 몰려들자 누군가 북을 울렸다. 버큰헤드호 승조원인 해군과 승객인 육군 병사들이 갑판에 모였다.

함장 세튼 대령이 외쳤다. "그동안 우리를 위해 희생해 온 가족들을 우리가 지킬 때다. 어린이와 여자부터 탈출시켜라." 아이와 여성들이 군인들의 도움을 받아 구명보트로 옮겨 탔다. 마지막 세 번째 보트에서 누군가 소리쳤다. "아직 자리가 남아 있으니 군인들도 타세요." 한 장교가 나섰다. "우리가 저 보트로 몰려가면 큰 혼란이 일어나고 배가 뒤집힐 수도 있다." 함장을 비롯한 군인 470여 명은 구명보트를 향해 거수경례를 하며 배와 함께 가라앉았다.

위 이야기는 1859년 작가 새뮤얼 스마일스가 책을 써 세상에 알려졌다. 이때부터 영국 사람들은 큰 재난을 당하면 누가 먼저랄 것 없이 "버큰헤드를 기억합시다."라고 말하기 시작했다. 위기 때 약자를 먼저 배려하는 '버큰헤드 정신'이 영국 국민의 전통으로 자리 잡았다. 1952년 군 수송선 엠파이어 윈드러시호 침몰 사고에서도 버큰헤드 정신은 어김없이 지켜졌다.

  알제리 인근 바다에서 엠파이어 윈드러시호의 보일러실이 폭발했다. 군인과 가족 1,515명이 타고 있었다. 구명정은 턱없이 모자랐다. 이 상황에서 지휘관인 스콧 대령이 마이크를 잡았다. "지금부터 버큰헤드 훈련을 하겠습니다. 모두 갑판 위에 그대로 서 계시고 구명보트 지정을 받으면 움직이십시오." 스콧 대령은 가족들이 동요할까 봐 '훈련'이라고 둘러댄 것이다. 곧바로 선장과 선원들이 여성과 아이, 환자들을 구명정에 태웠다. 선원과 군인 300여 명이 남았다. 선장과 스콧 대령은 "이제 모두 바다에 뛰어내리라."라고 지시하고는 부하들이 모두 떠난 걸 확인한 뒤 마지막으로 물로 뛰어들었다. 다행히 이들은 다른 화물선에 의해 모두 구조됐다.

  엠파이어 윈드러시호 선장 스콧 대령은 전체성 차원에서 혼란이 발생할 것을 예측하고 훈련으로 기만하여 가족들의 동요를 막았고 승선 인원의 구조 상황을 미리 예견하고 차근차근 질서정연하게 지휘하였으며 혼란 방지를 위하여 '훈련 상황'으로 거짓 방송하여 전략적 기만을 달성하였다.

영국의 대처 총리

영국의 마거릿 대처 수상은 아웃사이더에서 권력의 정점에 도달한 특이한 경우다. 중산계급의 여성으로 우익 과격파였기에 주류와는 거리가 멀었다. 대부분의 아웃사이더는 권력을 얻기 위해 본능적으로 인사이더가 되려 하지만 그녀는 달랐다. 사실 아웃사이더로 살아가는 것은 고달픈 일이기에 인사이더가 되어 인기를 얻고 그 결과로 권력의 정상에 오르고 싶어 한다. 그러나 사실 아웃사이더가 인사이더가 되면 그 순간 자신의 정체성, 세간의 이목을 모으는 차별성을 잃어버린다. 그녀의 본능은 아웃사이더로 머무르는 것이었다.

실제로 그녀는 될 수 있는 대로 멀리까지 아웃사이더로서의 영역을 확장하였다. 많은 남성들 집단에 대항하여 한 명의 여성으로서 자리하였다. 그녀는 피상적인 대중적 인기에 영합하지 않고 모든 단계마다 적절하게 차이를 부각시킴으로써 반대자들과의 사이에 선을 그었다. 이러한 대비는 그녀의 반대자들로 하여금 오히려 그녀가 결단력이 있고 힘이 있으며 자기희생적이라는 인상을 확립하는 데 도움을 주었다.

이러한 그녀에게 기회가 왔다. 1982년 아르헨티나 군사정권은 국내의 산적한 문제로부터 국민의 관심을 분산시킬 목적으로 포클랜드 섬을 침공하였다. 아르헨티나 군사정권은 비록 영국령이긴 하지만 본토에서 멀리 떨어져 있고 불모지인 이 섬을 영국이 포기할 것이라고 생각했다. 이러한 생각은 오판이었다. 대처는 주저하지 않고 포클랜드에 해군 특수부대를 파견하여 아르헨티나 군을 몰아냄으로써 그녀의 과단성과 용기를 유감없이 보여 주었다. 당시 노동당 지도자들은 무의미하고 희생이 큰 이 전쟁을 비난했으며 보수당 내에서도 섬의 재탈환에 실패한다면 보수당이 정치적 책임을 지고 파멸할지도 모른다는 두려움에 휩싸여 있었다.

이러한 상황에서 대처는 그 어느 때보다 고독했다. 그러나 대중은 그녀의 자질을 새롭게 보기 시작했다. 지금까지 대중들을 걱정스럽게 하던 완고한 고집이 용기와 고결한 기품으로 보였다. 우유부단하고 겁이 많은 데다 제 경력만 챙기는 주위의 남성들에 비해 대처 총리는 단호하고 강해 보였다. 영국이 포클랜드를 탈환하자 대처는 그 어느 때보다 위대해 보였다. 순식간에 국내의 사회, 경제적 문제는 잊혔다. 따라서 대처는 정치무대를 장악하였고 다음 두 번의 선거에서 노동당에 압승을 거두었다.

미국의 링컨 대통령

1861년 11월, 당선 통보를 받은 링컨은 거의 침묵에 가까울 만큼 말을 아꼈다. 재치 있는 유머와 흥미진진한 이야기 그리고 정력적인 연설 여행으로 선거기간 내내 청중의 마음을 사로잡았던 링컨이 선거 승리 이후 취임 초반까지 최소의 감사 인사 외에 거의 침묵을 지킨 것은 이례적인 일이었다. 국정 운영 방향을 묻는 기자들에게 "이미 발표된 내 연설에 다 들어 있다."라면서 그는 연설 발췌집을 건네주는 것으로 대신했다. 그의 말 한 마디 한 마디가 당파적 목적을 가진 정적들뿐만 아니라, 동지들에 의해서도 왜곡될 것이라 판단했기 때문이다.

링컨이 이처럼 '전략적 침묵'을 지키는 사이 국무장관 내정자 윌리엄 슈어드는 예민하고 대립적인 국정 사안을 풀어 나갈 해법을 타진하고 다녔다. 선거기간 중 미국인들은 흑인 노예제와 보호관세 문제를 놓고 갈라지고 대립하는 모습을 보였는데 "심각하게 분열된 집에서 가장의 발언은 전혀 뜻하지 않은 결과를 초래할 수 있다."라는 것이 링컨의 생각이었다. 갓 취임한 최고 권력자가 발언을 삼가는 것으로 온 나라의 말이 새 정부로 흘러 들어오게 하는 한편, 조만간 행동으로 보여 줄 국정의 추진력을 높이고자 한 조치였다.

취임 초 링컨이 보인 또 하나의 특징은 파격적인 반대파 수용이다. "링컨은 종이에 7명을 적었는데, 거기에는 공화당 경선 과정에서 자신을 가장 괴롭혔던 슈어드, 체이스, 베이츠의 이름이 적혀 있었다. 그뿐 아니라 반대당인 민주당 출신의 몽고메리 블레어 등도 들어 있었다. "왜 그렇게 불편한 내각을 구성하느냐."라는 질문에 링컨은 "조국이 매우 위험한 상태로 접어 들어가고 있기 때문이다."라고 대답했다. "능력 있는 사람들의 도움이 지금 당장 필요하기 때문이다."라고도 말했다.

링컨은 왜 이처럼 '어렵게 하는 정치', 즉 자신에게 불편한 정치를 선택했을까? 국가 지도자는 배의 선장과 같아서, 조타수 자리에 앉은 것에 만족해서는 안 되는 사람이기 때문이다. 그들은 시작할 때의 정치적 행보가 아니라 퇴임했을 때의 업적으로 평가받는 존재라는 것을 깊이 알았기에 멀리 보고 퇴임 후까지 고려한 정치적 행보를 한 것이다.

미국의 마샬 장군

미국의 마샬 장군은 명령계통 확립을 위하여 자신이 직접 명령하기보다는 자신과 같은 생각과 행동을 하는 인재를 뽑아다가 부하로 활용하였다. 그는 프랭클린 루즈벨트 대통령에 의해 육군 참모총장으로 임명받은 후 전쟁을 할 수 없을 정도로 엉망인 육군을 인계받아 정비하는 과정에서 자신의 권력 사용은 철저히 자제하고 다른 이들을 통해서 간접적으로 권력을 행사하였다. 즉, 자신이 철저하게 지배하고 있다는 사실을 숨긴 채 그 누구도 깨닫지 못하도록 아주 느슨하게 고삐를 쥐는 방식을 택했다. 그렇게 함으로써 적대 세력으로부터의 반목과 갈등을 차단할 수 있었던 것이다.

마샬 장군은 자신의 존재는 베일에 가려 두고 전면에는 자신의 생각과 행동 방식이 같은 부하들이 일을 하게 만듦으로써 자신은 공격의 포인트에서 배제시켰다. 하급직의 부하가 기안해서 만든 정책안에 대해 라이벌이 공격하기란 어렵다. 아주 절묘한 방법이다. 이심전심으로 훈련된 부하가 같은 생각으로 만들어 올린 보고서이니까 만족스러웠을 것이다.

오늘날과 같이 복잡한 사회에서는 명령계통을 통해 통제력을 행사하기가 어려워졌다. 인터넷이 발달한 현 세계에서 모든 것을 직접 관리하는 것 역시 어렵다. 비밀이 거의 유지되지 못하는 사회에서 명령을 누가 했는지는 순식간에 알려지고 그에 대한 반대 여론을 진정시키는 일은 그리 간단치 않다. 마샬 장군은 간접성을 활용함으로써 자신과 부하 간의 마찰을 없앴다.

미국의 영부인 힐러리 클린턴

힐러리 클린턴은 미국의 영부인으로서, 미 상원의원으로서, 그리고 민주당 대통령 후보 경선에서 가장 강력한 후보로서 역할을 성공적으로 마치고 자신과 경쟁자였던 오바마 정부의 국무장관까지 했다. 힐러리 클린턴은 영부인 시절 남편이 백악관 인턴 '르윈스키'와 부적절한 관계를 저질렀을 때 자신은 "남편을 믿는다."라고 단호히 선언하였다. 대통령직을 위협받을 만큼 심각한 사안을 개인적인 일로 처리하여 잠재웠다. 아내가 괜찮다는데 제삼자가 더 이상 문제를 삼을 수가 없었다.

힐러리 클린턴은 보통 여자들이 몰입하는 애정 경쟁의 틀을 과감히 거부하고 자신의 꿈을 실현할 수 있는 경쟁의 틀을 만들어 상황을 바꿔 버렸다. 보통 여자라면 자신의 남편이 젊은 여자와의 부적절한 관계에 있었다는 사실 때문에 사생결단하는 경쟁의 틀 속에서 클린턴 전 대통령과 극한적인 경쟁을 했을 것이다. 이렇게 되면 자신과 관련된 모든 것이 추락하게 된다.

그녀는 자신의 남편이 스캔들에서 빠른 시간 내에 벗어나 대통령직을 계속하는 것이 자신에게 유리하다고 판단하였고 성공적인 대통령직을 수행하고 퇴임해야 자신이 미국의 대통령에 도전이 가능

하다고 판단하였다. 큰 꿈을 위해 더 멀리, 더 크게 판단하여 자신의
정치적 목적을 향해 나아갔다.

미국 오바마 대통령의 소프트파워

　오바마 대통령은 기존 미국의 가치 기준에서 보면 대통령이 되기
힘든 조건을 가졌다. 보이지 않게 인종 차별이 심한 미국에서 그는
앵글로 색슨이 아닌 유색 인종이었고 심지어 복잡한 가족적 배경을
지닌 인물이었기 때문이다. 이렇듯 불리한 자신의 약점을 극복하고
미국의 대통령이 되었다.

　그는 경선과 대선과정에서 변화를 주창했다. 슈퍼파워로써 세계
의 질서를 유지하기 위해 하드파워를 앞세워 중동전을 치른 공화당
의 부시 행정부에 식상한 미국인의 민심을 정확히 읽었다. 그는 미국
이 변화가 필요하고, 변화할 수 있다고 부르짖어 미국의 대통령이 되
었다.

　오바마는 이라크 전쟁과 아프가니스탄 전쟁을 물려받았다. 전임
정권에서 득세한 네오콘들이 일방주의 외교를 밀어붙이는 바람에
세계 여론도 미국에 등을 돌렸다. 누가 정권을 잡아도 '리셋' 버튼을

누를 수밖에 없는 상황이었다.

오바마는 2009년 6월 4일 이슬람문명의 중심지인 이집트의 카이로 대학을 찾아 "미국과 이슬람 사이에 화해와 관용의 시대를 열자."라고 연설하였다. 9.11 테러 이후 최악으로 치달은 미국과 중동관계를 리셋하기 위한 연설이었다. 이를 두고 미국 언론에선 '미국의 대중동 정책에서 가장 전략적 조치'라는 평가가 나왔다.

이 연설은 오로지 오바마만이 할 수 있는 연설이었다. 미국의 전통적인 앵글로 색슨계의 대통령이 카이로 대학에서 이런 연설을 했을 경우 그 진정성이 받아들여지기 어렵다. 그러나 오바마는 미국의 첫 흑인 대통령이자, 중간 이름에 '후세인'이라는 아랍계 이름을 쓰며, 그를 낳아 준 아버지는 무슬림이었다. 많은 사람들이 이런 배경은 그가 미국 대통령 경쟁에서 약점이라고 생각했지만 오바마는 오히려 이런 약점을 장점으로 활용하는 지혜를 보여 주었다.

하드파워로 공격했을 때 이슬람은 더욱 단결했으며 그들의 항전의지는 더욱 공고해졌다. '사는 것보다 성스럽게 죽는 것이 더 낫다.'라는 지하드 의식은 남녀를 불문, 때와 장소를 불문하고 자살 폭탄테러를 횡행하게 만들었다. 오바마가 하드파워를 접고 소프트파워를 들고 나오자 가장 당황한 것은 아랍 강경파들이었다고 한다. 그간 중동에서 알카에다와 같은 테러 조직이 번창할 수 있었던 것은 미국이

'이슬람의 적'이었기 때문이다. 알카에다 지도자 오사마 빈 라덴은 오바마의 카이로 연설 전날 "오바마가 뭐라고 말하든 믿지 말라."라고 경고를 하면서 오바마의 소프트파워 전략에 이슬람의 단결이 와해될 것을 우려하고 있었다고 한다.

일반적으로 어떤 조직이든지 외부로부터 공격이 가해지면 내부적으로 단결하고 외부로 부터 공격이 없으면 내부에서 갈등한다. 오바마가 이슬람에게 화해의 손길을 내밀자 그들은 오바마를 받아들일 준비를 하고 있었던 것이다.

미국 오바마 대통령의 영웅 만들기

2008년 5월 26일 아프가니스탄 파크티아의 산악지대 소재 탈레반 기지 습격작전에 투입된 미 육군 소속 르로이 페트리(31) 상사는 동료 병사 두 명 옆으로 수류탄이 날아든 것을 놓치지 않았다. 그는 이미 두 다리에 총상을 입어 출혈이 심한 상태였지만 지체 없이 몸을 날려 수류탄을 낚아채고 진지 밖으로 던지려는 순간 수류탄은 손에서 폭발했다. 페트리 상사는 오른손을 잃었지만 그의 전우들은 모두 무사했다.

버락 오바마 대통령은 페트리 상사를 백악관으로 초청하여 "진정한 영웅은 아직 존재하고, 그는 생각보다 가까이 있었다."라며 페트리의 의수를 잡았다. 오바마 대통령은 이날 페트리 상사에게 미군 최고 무공훈장인 '명예훈장(Medal of Honor)'을 수여하였다. CNN 방송은 정규 뉴스를 중단하고 이 장면을 처음부터 끝까지 생중계로 보여 줬다.

페트리는 손을 잃은 상태에서 스스로 지혈대로 팔목을 감싼 뒤 침착하게 무전을 통해 자신을 비롯한 부대원들이 부상당했다는 사실을 본부에 알렸고 부대원들을 계속 통솔했다. 전투가 승리로 끝난 뒤 후송되는 헬리콥터 안에서 동료 부대원은 페트리의 남은 한 손을 잡고 "오늘 나는 처음으로 미국 영웅의 손을 잡아 봤다."라며 눈물을 흘렸다고 오바마는 전했다.

미국은 나라를 위해 헌신한 사람에게는 반드시 그에 합당한 보상을 하고 영웅으로 예우한다. 미군에게 실종은 사망을 확인하기까지 어떠한 희생이 따르더라도 구출을 해야 하는 대상이다. 영화 〈라이언 일병 구하기〉는 2차 대전 중 실화를 극화한 것으로 미국의 정신을 잘 보여 준다. 미국은 부강한 나라를 만들기 위하여 모든 미국인이 국가를 위해 헌신 봉사할 수 있도록 미래적이고 전체적 차원의 사고로 영웅을 만들고 그 공적을 기린다.

독일의 아데나워 총리

1967년 4월 25일 2차 대전을 일으킨 전범 국가 독일을 이은 서독의 초대 총리였던 아데나워의 관을 실은 고속 전함 콘도트호는 프랑스, 영국, 군함의 호위를 받으며 라인강 강줄기를 따라 아데나워가 살던 륀도르프 마을을 향했다. 장례 미사에는 독일 침략의 최대 피해국과 최대 피해 민족을 대표하는 드골 프랑스 대통령과 이스라엘 건국의 아버지 벤구리온 전 총리가 참석하였다.

아데나워가 1951년 4월 11일 총리로서 처음 파리를 방문했을 때 프랑스 측에선 단 한 명의 장관도 마중 나오지 않았다. 프랑스 국민들 머리에는 1871년의 비스마르크와 1940년의 히틀러에 대한 기억이 생생했기 때문이다. 이때 아데나워는 프랑스와의 관계를 회복하지 않고는 서독이 유럽의 일원으로 확실하게 자리 잡을 수 없다는 걸 더 절실히 느꼈다. 따라서 아데나워는 총리 재임 14년 동안 파리를 스물여섯 번 방문했고 워싱턴은 10회 방문하였다. 아데나워는 드골 대통령과 열다섯 차례 100시간 동안 대화를 나누고 40여 회에 걸쳐 편지를 교환하며 이 숙제를 푸는 일에 매달렸다.

서독이 국제사회에서 신뢰와 명예와 지위를 되찾을 수 있도록 프랑스의 협력을 요청했을 때 드골은 서독에 불리하게 그어진 전후 국

경선을 그대로 인정하라는 걸 비롯한 선뜻 응하기 힘든 요구를 내놨다. 그럼에도 아데나워는 국내 반발을 무릅쓰고 드골의 요구를 받아들였다. 드골은 프랑스만이 독일의 전쟁 범죄를 사면해 줄 수 있는 도덕적 권위를 갖고 있다고 믿었다. 두 정치가 사이에 쌓인 개인적 존경심과 그 바탕 위에 이뤄진 신뢰가 국가적 이익 조정을 가능케 했다. 마침내 드골은 1962년 9월 독일을 방문해 불·독 화해의 완성을 선언했다.

이어서 1970년 12월 8일 브란트 서독 총리가 폴란드 수도 바르샤바의 유대인 희생자 추념비 앞에 무릎을 꿇고 있었다. 비에 젖은 채 꿇어앉은 브란트의 모습은 서독의 도덕적 용기를 나타내고 있었다. 브란트가 이처럼 동쪽으로 나아갈 수 있었던 것은 아데나워가 서쪽 프랑스와 화해의 시대를 열었던 덕분이다. 일본의 모습과 크게 대비된다.

독일의 슈뢰더 총리

게르하르트 슈뢰더 독일 총리는 자신의 정치 생명이 끝날 것을 알면서도 독일을 위해 노사개혁을 밀어붙였다. 자신의 정치적 기반인 노동자가 반대하는 정책을 독일의 장래를 위해 밀어붙인 것이다. 메르켈 시대에 그 과실이 주렁주렁 열려서 그렇게 구조조정을 반대했던 사람들이 그 혜택을 누리고 있다. 자신의 정치적 소신을 위해 자신의 정치 생명마저 버리는 살신성인의 모습이다. 정치인은 모름지기 사익을 추구해서는 안 되고 공익을 추구해야 한다. 그래야 올바른 정치인이고 명망이 오래 간다.

아마도 그가 그러한 판단을 할 때 무척이나 외로웠을 것이다. 가까운 정치적 지지자들의 반대도 많았을 것이다. 전략적 판단은 언제나 고독한 결단을 필요로 한다. 그럼에도 그는 그 고독하지만 위대한 전략적 결단을 내렸다. 왜냐하면 그것이 독일을 위한 옳은 길이었으니까.

그는 비록 총리 자리를 잃었지만 대신에 인간적 승리를 얻었다. 정치기간이 아무리 길어도 인생보다는 짧다. 그는 정치적 생명을 인생의 평판과 바꾸었다. 그래서 그는 지금 세계 정치사에 빛나는 사표로 우뚝 섰다. 독일 국민과 전 세계인의 마음에 살신성인한 정치인으로 오래오래 기억되고 있다. 보통 사람들이 눈앞의 이익에만 몰두하고 있을 때 판을 키워 미래적 전체적 시각으로 판단하고 행동한 결과다.

이제 우리나라에서도 슈뢰더와 같은 정치인들을 보고 싶다. 나의 사익이 아니고 우리가 사랑하는 대한민국을 위한 정책 결정을 하는 그런 정치인 말이다. 왜 우리라고 그런 사람이 없겠는가? 유권자와 언론이 그런 사람들이 성장할 수 있는 환경을 만들어 주면 된다. 한국판 슈뢰더가 자랄 수 있는 정치적 토양을 만드는 데 우리 모두 힘을 모아야 한다.

폴란드의 모라비에츠키 총리

폴란드 총리 마테우시 모라비에츠키의 공관으로 올해 1월 메르세데스 벤츠의 마르쿠스 섀퍼 생산총괄 임원이 찾아왔다. 모라비에츠키 총리는 밝은 표정으로 섀퍼와 함께 벤츠가 1억 유로(약 1,324억 원)를 들여 전기차용 배터리 공장을 폴란드에 짓는다고 발표했다. 이렇게 하면 일자리 200개가 만들어진다. 투자 규모와 일자리 숫자는 총리가 직접 나설 만한 정도는 못 된다. 섀퍼가 최고경영자도 아닐 뿐만 아니라 벤츠는 폴란드에 치욕의 역사를 안겨 준 독일의 대기업이다. 하지만 모라비에츠키는 섀퍼의 손을 잡고 투자를 결정해 줘 고맙다는 인사를 했다.

폴란드가 눈부신 성장을 하고 있는 이유를 상징적으로 보여 주는 장면이었다. 폴란드는 1992년 이후 평균 4.2%씩 경제가 성장하였다. EU 경제성장률이 2017년 2.4%에서 2018년 1.9%로 주저앉는 사이 폴란드는 4.8%에서 5.1%로 승승장구했다. 적극적인 해외 투자

유치, 수준 높은 인력, 동유럽 최대 내수 시장 등이 성공 요인이지만, 유럽 최대 경제 대국 독일의 이웃이라는 이점을 최대한 활용한다는 점을 빼놓을 수는 없다. 폴란드 진출 독일 기업은 6,000개 이상으로 30만 명 이상을 고용하고 있다.

폴란드가 이처럼 독일과 경제적으로 밀착해 살아가는 건 양국의 오랜 악연을 되돌아볼 때 상식으로는 이해하기 힘들다. 폴란드는 프로이센과 러시아 등에 의해 18세기 후반 점령당해 123년간 지도상에서 사라졌었다. 1차 세계대전 직후 간신히 나라를 되찾았지만 2차 세계대전 시 독일이 맨 먼저 침략하였다. 이때 폴란드 전체 인구의 5분의 1인 600만 명이 사망하였다. 폴란드인들이 이런 한 서린 역사를 잊을 리 만무하다. 모라비에츠키 총리는 전쟁 피해 배상이 아직도 제대로 이뤄지지 않았다고 말한다. 1970년대 빌리 브란트 총리 시절부터 과거를 사죄했지만 폴란드는 아직도 성에 차지 않는다며 불만을 표시한다.

그러나 폴란드는 과거사나 외교·안보 이슈로 독일을 비판할 때 먹고사는 문제에 지장을 줄 정도로 양국관계가 어려움에 빠지지 않도록 전략적으로 수위를 조절한다. 독일의 투자를 끌어들여 경제를 발전시키며 독일과 공생하게 된 현실을 인정한다. 폴란드는 역사는 잊지 않되 현재를 지혜롭게 살아가고 있다. 모라비에츠키 총리는 몸으로 보여 주고 있다.

중국의 장제스 총통

1945년 8월 15일 장제스는 수도 충칭에서 대일 항전 승리를 선언하는 연설을 한다. 그는 연설 말미에 일본의 침략으로 2,000만 명이 희생되어 복수심에 치를 떠는 국민에게 뜻밖의 당부를 전한다. 중국은 일본 군벌을 적으로 삼았을 뿐 인민을 적으로 삼은 것이 아니니 일본인에게 노예적 굴욕을 주어서는 안 된다고 중국 국민을 설득하였다. 나아가 지난 일에 얽매이지 않고 선의로 이웃을 대하는 것이 중국의 전통이며, 폭력으로 폭력을 보복하는 악순환에서 벗어나기 위해서는 관용을 베풀어야 한다고 역설하였다. 이때의 관대한 전후 처리 방침은 훗날 '이덕보원(以德報怨·덕으로 원수를 갚음)' 연설로 널리 알려졌다.

중국의 관용은 일본에 역사 망각의 면죄부를 주는 선심도, 공짜도 아니었다. '마음의 빚'을 떠안은 일본은 1979년부터 40년 동안 경제 협력사업(ODA)으로 중국에 무려 3조 6,500억 엔을 제공했다. 중국은 이를 종잣돈 삼아 일본을 능가하는 경제 굴기를 성취했다. 중국의 관대한 전쟁 책임 추궁은 도덕적 우위를 확보한 채 일본의 부채의식을 최대한 외교 자산으로 활용한 원모심려(遠謀深慮)였다.

인도의 간디

간디는 영국의 식민지인 인도가 영국으로부터 독립하는 투쟁의 방법으로 비폭력 저항운동을 선택했다. 영국에서 법률을 공부한 간디는 1906년 남아프리카 법정 변호사로 일하고 있을 때 '수동적 저항'이라는 형태의 투쟁을 창안하였다. 영국 런던에서 공부한 그는 영국인에 대해서 완전히 파악하고 있었다. 간디는 영국인들이 정치적 자유와 교양 있는 행동을 전통으로 고수하는 동시에 이러한 자아상을 무척 중요하게 여긴다는 것을 알았다. 그러므로 간디는 영국인의 이러한 성향은 평화롭게 저항하는 사람들을 공격하는 것은 영국인의 도덕적 순결주의에 걸맞지 않다는 것도 알았다.

반면 인도인들은 오랜 세월 동안 영국의 지배를 받으면서 굴종의 삶을 살아왔으며 종교적 내세관이 강하기 때문에 현재의 곤경이나 어려움은 운명으로 받아들이고 현세에서의 고통이 내세의 영화를 보장한다고 믿는 의식이 강하다는 것을 잘 알고 있었다. 그리고 만약 인도인들이 다른 식민지들처럼 폭력적으로 저항한다면 영국인들은 그들을 폭력으로 진압한 다음, 정당방위였다고 주장할 것이라고 생각했다. 그러나 반대로 그들이 비폭력[28] 방식을 사용한다면 영국인

---

28 간디의 이상이자 철학이었으며 인도의 유서 깊은 전통이다.

들이 무력대응을 주저할 것이라는 것을 알았다.

이러한 판단하에 간디는1930년 3월 2일 인도 총독인 에드워드 어윈 경에게 소금[29]행진을 할 것이라는 내용의 편지를 보냈다. 그리고 그는 뭄바이 부근에 있는 그의 아쉬람(수행공동체)에서부터 바닷가 마을인 단디까지 추종자들의 행진을 이끌었고 각지의 인도인들에게 동참하도록 선동했다. 간디의 편지를 읽은 어윈 총독은 기력이 쇠한 예순 살의 간디가 많아야 80명 정도인 오합지졸을 이끌고 320㎞가 넘는 먼 거리를 행진하기는 힘들 것이라고 생각했다. 실제 행진을 시작하는 것을 보니 간디의 저항행진은 우스울 정도로 작은 규모였다. 인도국민회의 인사들마저도 그 사실에 실망하였다.

어윈은 "이 늙은 성자와 대부분이 여성인 그의 추종자들을 체포하거나 공격해서 안 될 것이다. 오히려 꼴사나워 보일 테니 말이다. 가혹하게 대응하기보다는 스스로 소멸되도록 내버려 두는 것이 좋을 것이다." 결국 이러한 저항운동은 아무런 효과를 얻지 못하고 오히려 간디가 불신을 받아 인도 민중을 홀려온 그의 주문 또한 효력을 상실할 것이라고 생각했다.

---

29 그 당시 영국은 인도에서 소금 생산에 대한 독점권을 행사하고 과다한 세금을 부과하고 있었다. 소금이 유일한 양념인 인도의 극빈층에게는 이것은 과도한 부담이 아닐 수 없었다.

1930년 3월 12일 아주 작은 규모로 출발한 간디의 행진이 마을을 통과할 때마다 무리가 불어나자 간디도 점점 과감해지기 시작했다. 그는 인도 전역의 학생들에게 학업을 중단하고 행진에 동참하라고 호소했다. 그러자 수천 명의 학생들이 합류하고 수많은 사람들이 그들의 행진을 보려고 길가로 모여들었으며, 그들을 향한 간디의 연설도 격앙되어 갔다. 4월 6일, 그는 추종자들을 이끌고 바닷물에 들어가 정화의 의식을 치른 뒤 바닷가에서 의도적으로 소량의 소금을 채취했다. 그러자 인도 전역에 간디가 소금세법을 어겼다는 소문이 빠르게 퍼져 나갔다. 그렇지만 간디는 결코 어윈 총독이 자신을 체포하지 못하리라는 것도 간파하고 있었다.

어윈은 사태의 추이를 지켜보면서 점점 경악했다. 간디에게 완전히 속았음이 분명해진 것이다. 별다른 영향력을 발휘하지 못하리라고 생각했던 종교적 상징은 민중의 마음을 흔들었고 소금이라는 쟁점은 영국 정책에 대한 반발의 뇌관이 되고 말았다. 결국 간디는 주도면밀하게 영국에게 위협감은 주지 않으면서도 인도인들의 반향을 얻을 수 있는 쟁점을 교묘하게 선택한 것이다. 최초에 간디를 체포했으면 별문제가 없었을 것이다. 그러나 소금행진이 끝난 상황에서는 너무 늦어 버렸다. 이제 체포하려니 불에 기름을 붓는 격이고 그렇다고 방치하려니 약하게 보일 뿐만 아니라 간디의 주도권을 인정하는 셈이 되었다. 그러니 이러지도 저러지도 못하고 있는 사이 그 여파가 인도 전역으로 확산되기 시작하였다. 수천 명의 인도인들이 간디처럼 소금을 채취하려고 바닷가로 나갔고 도시에서는 이 불법 소금을 나눠 주거나 팔기까지 하였다. 이 비폭력 저항운동은 다른 형태의 저항으로 이어져, 국민회의가 영국 상품 불매운동을 주도하는 등의 저항운동으로 발전하였다.

어원은 마침내 5월 4일, 간디를 체포하여 재판도 없이 투옥하여 9개월 동안 감금하였다. 간디의 체포는 하나의 도화선이 되어 5월 21일 인도인들은 정부가 운영하는 다라사나 제염소로 평화행진을 했다. 이러한 상황이 되자, 인도인 무장 경찰들과 영국인 경관들은 그곳을 방어하기 위해 곤봉으로 행진을 저지하였다. 간디의 비폭력 원칙에 따라 시위대는 스스로 방어하려는 어떠한 시도도 하지 않고 곤봉세례를 받고는 차례로 쓰러졌다. 이러한 사실은 언론에 대대적으로 보도가 되어 마침내 영국의 인도 식민지 통치가 종지부를 찍는 계기가 되었다.

태국의 몽꿋 왕

18세기부터 서구 열강들은 산업자원을 확보하기 위하여 아시아 및 아프리카 후진국을 식민지화하는 데 열을 올렸다. 동양의 종주국인 중국마저도 서구의 열강에 갈기갈기 찢기는 판에도 구 태국 왕국 샴은 식민지가 되지 않았다. 그 이유는 태국 왕들이 전략적 혜안으로 정보에 대한 편견을 떨쳐 버리고 세상을 올바르게 읽을 줄 알았기 때문이었다.

샴의 왕 라마 2세는 자신의 죽음을 예견하고 왕위 계승자에 대한 교지를 내렸다. 그는 총명하고 호기심 많은 아들 몽꿋 대신에 후궁 소실인 36세의 체사다 보딘을 지명하였다. 그리고 몽꿋을 불가에 입적시키라고 명했다. 라마 2세는 총명하고 호기심 많은 몽꿋이 왕위를 계승받으면 나이가 어리기 때문에 분명히 궁정 내부 음모에 취약하리라 생각하고 몽꿋이 절에서 더 많은 공부를 한 다음 왕위를 계승하는 것이 몽꿋 왕자에게나 샴 왕국에 유리할 것이라고 판단하였다. 그리고 몽꿋이 자신의 역량을 펼칠 수 있는 경쟁의 장을 마련할 때까지 시간을 벌어 줄 필요가 있다고 생각하였다.

그러한 상황에서 몽꿋은 36년 동안 방콕의 불교 사원에 안전하게 은둔하여 내면으로의 여정에 몰두하며 지도자가 되기 위한 정신수련에 정진했다. 그는 불교 경전에 적힌 고대 언어인 팔리어를 배우기도 하고 왕족이라는 카리스마를 이용하여 사원을 개혁하고자 승려들을 재교육하기도 하고 왕국 전역을 폭넓게 여행하면서 여러 신분의 백성들과 두루 교류했다. 이 여정을 통하여 그는 백성들과 직접 이야기를 나누어 그들의 관심사와 그들을 움직이는 것이 무엇인지 알게 되었다. 궁중에 갇힌 어떤 왕족도 배우지 못한 것들을 알게 됨으로써 그의 정신은 개방되었고, 누구도 따를 수 없는 지혜로운 판단력을 갖추게 되었다.

몽꿋이 라마 4세로 왕좌에 올랐을 때 샴 왕국은 주변국들과 마찬가지로 독립과 자유가 심각하게 위협받고 있었다. 1855년 홍콩의 영국 총독 보링 경을 필두로 한 영국 대표단이 무역 협상에 압력을 가하려고 샴에 당도하였다. 1756년 이후 인도를 식민지로 만든 후, 이웃 나라 버마와 지정학적 요충지인 말라야 및 싱가포르까지 점령하였다. 버마가 통상무역문제로 발생한 전쟁으로 영국에 합병되었다는 사실을 잘 알고 있는 몽꿋은 영국이 수긍할 만한 협상 조건을 제시하지 않는 한 보링의 임무는 샴의 자주권을 박탈할 것이라는 점을 잘 알고 있었다.

따라서 몽꿋 왕은 첫인상이 관건이라고 생각했다. 그는 보링에게 좋은 인상을 주려고 아낌없는 노력을 쏟아부었다. 환영행사의 세세한 부분까지 직접 챙겼다. 영접부터 음식 대접 등 모든 면에서 완벽하게 대접하였다. 특히, 통상 왕을 알현할 때의 관행과는 달리 실내를 거의 모두 영국식으로 꾸몄다. 왕의 맞은편 자리에 오직 테이블 하나만을 두고 앉아서 보링에게 영어로 인사했다. 첫 만남이 있은 지 2주 만에 협상이 타결되었다. 협상타결을 축하하기 위해 왕은 영국 왕실에 버금갈 만큼 위풍당당하고 화려한 분위기를 마련하였다. 보링 일행을 위해 마련한 황실의 향연장은 신선한 물이 가득 찬 황금잔과 은잔이 놓인 테이블이 놓여 있었고 하인들은 커피와 시가를 날랐다. 만찬 테이블에 앉은 보링은 크게 감동을 받아 몽꿋 왕과 거래가 가능하다고 판단하였다.

보링의 협약 조건은 영국에 절대적으로 유리한 것이었지만 몽꿋은 영국이 제시한 모든 조건을 수용하였다. 관세를 3%로 낮추고 외교적 제안을 전면적으로 승인했으며 영국인들에게 치외 법권도 인정하였다. 왕의 기득권에 영향을 주는 정부 전매상품과 독점 무역을 모두 포기하겠다고 동의하였다. 이렇게 모든 조건을 수용한 몽꿋 왕은 나름대로의 전략적 계산이 있었다. 영국의 조건을 모두 수용하면서도 아편 독점권을 유지하였으며 도박, 알코올, 복권 등에 비행 세를 물리는 세제를 신설함으로써 대안을 내놓았다. 결과적으로 국가 세수는 협약이 적용된 첫 해에만 떨어졌을 뿐 이후에는 이전 수준을 만회하였다.

이어서 몽꿋 왕은 재빨리 프랑스, 미국 등 서구 열강들과 협약을 맺어 특정한 국가가 샴에서 배타적 권리를 누리지 못하도록 만들었다. 열강들은 무역에서 지배적인 입장을 차지하기 위해 서로를 견제하게 되었고 샴은 그 사이에서 어부지리를 얻게 되었다. 보링협약으로 영국은 샴에서 전적으로 자신들에게 유리한 조약을 맺었지만 몽꿋은 조국의 자유를 지켜 냈고 독립을 위한 초석을 다졌다. 주변 국가들이 차례로 유럽의 통치에 예속될 때에도 샴은 열강들의 위협에

버텨 낼 수 있었다.

브라질 룰라 대통령

2009년 10월 1일 덴마크 수도 코펜하겐에서는 IOC 위원장이 2016년 하계 올림픽 개최지로 브라질의 '리우 데 자네이루'를 지정하였다. 당시 코펜하겐에는 미국의 오바마 대통령, 일본의 하토야마 총리, 스페인의 후안 카를로스 총리가 각각 시카고, 도쿄, 마드리드로 올림픽을 유치하기 위해 열심히 뛰고 있었다. 이 쟁쟁한 나라의 국가 지도자를 제치고 당당히 브라질의 룰라 대통령이 승리하였다.

그러면 어떻게 해서 가장 열세였던 리우 데 자네이루가 2016년 하계 올림픽 개최지로 선정된 것일까? 지금까지 올림픽 개최지는 IOC 관계 실무자들이 현지를 실사한 결과로 평가하여 개최지를 선정하고 있었다. 그런데 시카고, 도쿄, 마드리드, 리우 데 자네이루 4개의 후보지 실사 결과, 리우는 최하위로 평가받았을 뿐만 아니라 2014년 월드컵 개최지로 이미 리우가 선정된 점도 역시 약점으로 작용하고 있었다.

룰라 대통령은 기존의 '실사 결과로 경쟁하는 틀' 안에서는 결코 승리할 수 없다는 것을 알고 경쟁의 틀을 바꾸기로 결심하였다. 즉, 올림픽이 남미에서 한 번도 개최되지 못한 점을 '세일링 포인트'로 선정하고 이를 대대적으로 선전하기로 하였다. 그는 지금까지 근대 올림픽은 유럽에서 30회, 북미에서 12회, 아시아에서 5회, 오세아니아에서 2회, 중미에서 1회 개최되었을 뿐 남미에서는 단 한 차례도 개최되지 않았다는 점을 강조하고 나섰다. 룰라 대통령은 "올림픽은 모든 사람과 모든 대륙을 위한 것이어야 한다. 후보지로 경쟁하고 있는 미국은 이미 4회 개최하였고 일본과 스페인도 이미 각각 1회씩 개최한 바 있다."라고 말하면서 대륙별 순환 개최 명분을 강력하게 호소하고 다녔다.

이러한 노력의 결과 2009년 8월 베를린에서 열린 IOC 집행위원회에서는 남미 최초 올림픽 개최 여론이 형성되었고 스포츠의 탈 선진국 주장이 확산되었다. 동병상련의 아프리카를 직접 방문하여 "남미에서 개최되고 나면 다음 차례는 아프리카."라고 설득하면서 아프리카 대표들의 적극적 지원을 얻어 냈다. 룰라 대통령은 올림픽이 모든 사람들을 위한 것이라는 명분을 이용하여 남미가 역사상 한 번도 올림픽이 개최된 바가 없다는 사실과 연결시켜 공감을 얻었다. 기존의 경쟁의 틀에서는 가장 열세였던 리우 데 자네이루가 룰라가 만든 새로운 경쟁의 틀에서는 가장 우세한 후보지가 된 것이다.

페르시아의 하산 이 사바

11세기 말 테러 전략의 창시자 하산 이 사바는 페르시아 북부에서 코란에 신비주의를 접목한 교리를 추종하는 니자리 이스마일 파를 이끌고 있었다. 그는 페르시아 북부에 자신의 종파를 위한 국가를 개척하고 그 국가가 이슬람 제국 내에서 살아남아 번영하도록 만들고 싶었다. 그러나 그를 따르는 신자 수가 적은 데다 권력자들이 버티고 있는 상황에서 더 이상 세력을 확장시킬 수가 없었다.

따라서 그는 정치권력에 대항하여 '역사상 최초로 테러 전쟁을 조직화'하는 전략을 고안하였다. 이슬람 세계에서 존경받는 지도자의 권위는 대단했으므로 그만큼 지도자의 죽음은 혼돈을 부를 것이라고 판단하고 지도자들을 선택해서 습격했다. 습격 대상은 임의적이었기에 누가 표적이 될지 알 수가 없었다. 그러한 불확실한 공포는 상대 진영을 공황에 빠뜨리는 최고의 효과를 발휘하였다. 이스마일 파는 그들이 장악한 성을 제외하면 보잘것없었지만 부하들을 꾸준히 술탄 정부의 심장부 깊숙이 침투시킴으로써, 자신들이 어디에나 도사리고 있는 듯한 착각을 하도록 만들었다.

그의 생애를 통틀어 총 50회에 불과한 암살 행위를 통해, 그는 마치 수십만 군을 거느린 것처럼 대단한 정치력을 거머쥐었다. 이러한 힘은 단순히 개인들이 두려움에 떠는 것보다는 전체 사회에 미치는 파급효과로부터 비롯되었다. 심약한 사람들이 망상에 사로잡혀 의심을 드러내고 뜬소문을 퍼뜨려 비교적 강한 사람들까지 불안에 떨게 만들었다. 사람들은 수십 번씩 분노와 항복 사이를 오르락내리락하는 감정의 기복을 경험하기 시작하였다. 이런 공황 상태에 빠진 집단은 균형을 잡지 못하며 아무리 강력하고 결단력이 있는 사람이라도 결국에는 그러한 사회 분위기에 감염되고 만다.

이스마일파의 암살 테러가 계속되자 술탄 산자르는 1120년 압도적인 병력으로 이스마일 성들을 점령하고 그 주변 지역을 무장 야영지로 전환시킨다는 계획을 세웠다. 그의 생명을 노리는 모든 시도를 차단하기 위해 침실 배치도 바꾸었고 최측근만 접촉했다. 산자르는 개인적으로 철저한 보안을 유지하고 있어 공황에서 벗어날 수 있을 거라고 생각했다. 전쟁 준비가 진행되자 하산 이 사바는 산자르에게 사람을 보내어 살인 종식을 의제로 한 협상을 제의하였다. 그러나 산자르는 협상을 거부하고 그들을 모두 돌려보냈다.

출정을 앞둔 어느 날 아침, 술탄이 잠에서 깨어 보니 침대 가까이 방바닥에 단검 한 자루가 반듯하게 꽂혀 있었다. '이게 어떻게 들어왔을까?', '이게 대체 무슨 뜻일까?' 하고 생각하면 할수록 몸서리가 쳐졌다. 술탄은 이제 아무도 믿을 수 없었다. 술탄은 그날 해 질 무렵쯤에는 감정적으로 완전히 황폐해진 상태였다. 이윽고 그날 저녁에 그는 하산으로부터 "제가 술탄의 안녕을 바라지 않았다면, 단검을 딱딱한 바닥이 아니라 술탄의 무른 가슴팍에 꽂았겠지요."라고 써진 메시지를 받았다. 산자르는 더 이상 이런 나날을 견디기 힘들었으며 불안과 의심, 끊임없는 공포 속에 살아가는 것은 끔찍한 일이었다. 이 악마 같은 자와 협상하는 편이 낫겠다는 생각이 들어 그는 출정을 취소하고 하산과 화해했다.

이러한 것을 가능하게 한 것은 이스마일파의 특징이었다. 암살자들은 결코 도망가지도 않고 살해한 뒤 묵묵히 체포되어 고문을 당한 다음 처형당하고, 또 다른 암살자가 뒤를 이었다. 그 무엇도 그들을 중단시킬 수 없을 것 같았다. 암살자는 마치 잘 만들어진 하나의 정밀 무기와 같았다. 중동 지역에 벌어지고 있는 자살폭탄 테러자들은 이와 같은 전통의 유산이다. 이슬람의 대의를 위해서 자신의 목숨을 버리는 것은 가장 큰 영광으로 여기는 그 사회적 규범이 이를 가능케 한다. 테러를 하는 측은 수적 열세 때문에 재래식 전쟁이나 심지어 게릴라전조차 생각할 수 없다. 그들이 의지할 수 있는 최후의 수단은 테러뿐이다. 그들은 절박한 상황에서 온몸을 불사르는 대의를 갖고 규모가 훨씬 큰 적을 상대한다. 적과 싸워서 이기는 방법을 전체적인 범위로 고려하여 공포의 영역까지 확대하여 사고한 결과 얻은 산물이다.

전략적 사고로 살펴본 국가적 어젠다

미래 국가전략

우리나라는 지정학적 관점에서 보면 주변 강대국에 둘러싸인 내선에 위치하고 있다. 내선에 위치한 상황은 주체자의 능력에 따라 장점이 될 수도 있고 단점이 될 수도 있다. 프랑스가 낳은 위대한 전쟁영웅 보나파르트 나폴레옹은 내선에 위치하기를 좋아했고 내선에서 많은 승리를 거두었다. 내선에 위치한 입장에서 승리의 관건은 지휘관의 기민한 판단과 전략적 혜안이다. 그리고 이를 뒷받침할 수 있는 기동력이다. 이것이 충족되면 내선작전이 유리하다.

나폴레옹은 전쟁 상황을 읽는 그의 천재적 능력으로 적이 어느 곳으로 움직일지를 혜안으로 판단하였다. 그곳에 적절한 전투력을 배분하고 빠른 속도로 기동하여 제한된 전투력으로 적의 연합군을 이겼다. 이러한 내선작전의 연속이 나폴레옹 전쟁의 역사다. 말년에 패배의 비운을 안은 것은 인간이 가진 약점, 즉 만용과 자만에 의한 사고의 기동성이 저하된 탓이라고밖에 할 수 없다.

　그러나 내선에 위치하더라도 자신의 능력을 기동성 있게 활용하지 못하면 그것은 바로 협공을 받게 되는, 아주 어려운 상황에 처하게 되는 것이다. 그러므로 내선에 위치할 경우, 전략적 차원에서는 절대적 파워를 발휘하여 전쟁을 억제하는 것이 가장 바람직하고 만일 전쟁이 일어날 경우 지도자의 기민한 판단력을 바탕으로 기동성 있는 전투력을 발휘해야 한다.

　우리나라는 장차 대 주변국 전략을 준비하는 과정에서 이점을 분명히 해야 한다. 하드웨어를 준비하는 것도 중요하지만 이에 대처할 능력이 있는 전략적 혜안을 가진 인재 양성이 더 중요하다. 막말로 하드웨어는 급하면 블랙마켓에서 사온다 치더라도 우리나라를 위해 싸워 줄 전략가를 빌려 오는 것은 불가능하다.

　우리는 지금까지 한반도는 주변의 강국으로 둘러싸인 지정학적 위치에서 항상 외침에 의한 고난의 역사를 살아왔다고 자조하였다.

668년 고구려가 망하고 우리의 강토가 한반도로 축소된 이후로 특히 그랬다. 특히, 역성혁명으로 만들어진 조선은 정치적 정당성 부족을 '대명 사대주의'로 포장하면서 소위 그들의 정권안보만을 추구하다가 문약에 흘렀고 당파싸움으로 일관하다가 쇄국으로 나라를 무기력하게 만든 나머지 일본의 침략을 초래하였다.

내선의 위치에서 힘이 있었으면 대륙과 해양을 동시에 호령할 수 있었을 텐데, 힘이 없어 동북아에서 동네북이 된 것이다. 로마 제국은 힘이 있었기에 지중해와 유럽 전 지역을 손아귀에 넣고 제국을 건설하였다. 한반도로 우리의 강역이 좁아진 후에도 가끔은 체면을 유지한 적이 있었다. 기마 민족의 정서인 전사 기질과 한반도 정착 후 농경 문화의 소산인 선비 문화가 균형을 이뤘을 때인 세종대왕 시절이 그렇다고 볼 수 있다.

21세기 지식 정보화 시대를 맞아 우리는 새로운 기회를 맞고 있다. 이 기회를 잘 활용하면 화려한 내선작전을 펼칠 수 있다. 과거의 국력이란 영토를 바탕으로 한 군사력이 기본이었다. 그런데 지식 정보화 시대에는 지식과 정보가 국력으로 대변되는 시대가 되었다. 그러므로 이제 우리나라도 강국이 될 수 있다. 지식 정보화 사회에서는 부존자원이 없어도 우수한 두뇌만 있으면 부국이 될 수 있고 이를 기반으로 강국이 될 수 있다.

2050년이 되면 우리나라가 미국 다음으로 세계 2위의 경제대국이 될 것이라는 예측도 있다. 이것을 가능케 하는 요소를 우리는 가지고 있다. 지식은 선비 기질에서 나오고 정보화 산업은 유목민의 전사 기질에서 나온다. 그런데 우리 민족은 이 두 가지를 겸비하고 있다. 머지않아 우리나라가 지식과 정보화를 수단으로 하여 세계 강국이 되어 주변국의 중심에 설 것이다.

그렇게 되면 우리는 대륙과 해양으로 우리의 영향력을 넓혀 갈 것이다. 그것도 유목민의 후예답게 칭기즈칸이 유럽 대륙을 유린했던 속도로 몰아갈 것이다. 그것은 다름 아닌 문화인데 이 문화가 흘러가는 콘텐츠가 될 것이다. 지금도 '한류'라는 이름으로 세계로 나아가고 있지만 그보다 더 원천적 문화가 해양과 대륙으로 퍼져 갈 것이다. 그것은 문화의 기본인 의·식·주 문화다. 친환경적이고 인간적인 우리의 의·식·주 문화는 머지않아 전 세계의 생활 방식이 될 것이다.

이제 우리나라는 내선의 위치에서 세계 전략을 구상하여 펼칠 때이다. 우리에게는 우리의 약점을 극복하여 장점을 살릴 수 있는 지식 정보화 사회가 전개되었다. 우리는 이제 우리의 젊은이들이 그들의 능력을 마음껏 발휘할 수 있는 장을 만들어 주고 보호해 주어야 한다. 그리고 그들이 나아갈 목표를 분명히 제시해 주어야만 한다. 그들에게 간섭은 절대 금물이다. 유목민의 전사 기질을 제한할 것이기 때문이다.

그리고 이제 우리는 세계와 더불어 사는 열린 마음을 가져야 한다. 과거에 대륙과 해양 세력으로 둘러싸여서 힘들었던 고난의 여건을 이제 지식 정보화 사회의 전략적 환경에서 우리가 이길 수 있는 새로운 경쟁의 틀을 만들어 멋있는 내선작전을 펼치는 것이 우리의 대 전략이다.

하드웨어 중심의 1, 2차 산업사회에서 주변 강대국으로 둘러싸인 경쟁의 장에서는 내선이 불리한 상황이었지만 지식 정보화 사회에서는 소프트웨어가 국력을 신장시킬 수 있는 핵심 요소이다. 이러한 상황에서 우리 민족의 장점인 두뇌의 우수성을 활용하여, 소프트웨어를 이용한 내선작전을 펼치는 경쟁의 틀을 유리하게 바꾸는 것이 우리의 미래 국가전략이다.

동북아 안보위기 대응

동북아는 지금 구한말 또는 2차 세계대전 후 냉전체제가 형성되는 시기와 유사한 긴장과 갈등이 재연되고 있다. 남·북 간의 문제는 북한의 핵 문제가 긴장을 고조시키고 있고 한·일 간에는 독도 문제, 항공식별구역 문제, 경제 통상 문제, 역사 인식 문제가 내외적으로 심각하게 대립하고 있다. 한·중 간 역시 동북공정 문제와 항공식별구역 문제, 사드배치 문제가 앞으로 긴밀한 경제 협력관계의 발목을 잡고 있다. 그리고 중·일 간에는 센가꾸(다오위다오)와 우리와 마찬가지로 항공식별구역 문제와 역사 인식 문제가 현안으로 걸려 있다. 북한의 핵 문제는 동북아 안보 문제에서 핵으로 관련 국가들 간에 종으로 횡으로 복잡한 문제를 안고 있다.

이 문제들이 동북아 3국 간의 현안이라면 더 높은 천장에 걸려 있는 문제는 미·중 간의 문제다. 중국은 두 자리 경제 성장을 하면서 많은 인구를 바탕으로 GDP가 크게 증가하여 이제 미국과 국제사회에서 자웅을 겨룰 만하다고 느끼고 G2로서 대응하겠다는 뜻을 표출하기 시작하였다. 그 대표적인 사례가 항공식별 구역을 어느 나라와도 상의 없이 일방적으로 선포해 버린 것이다. 미국을 향해 '이제 한번 붙어 보자.'라는 뜻을 은근히 나타낸 것으로 볼 수 있다.

미국은 중국이 방공식별구역을 선포하자, 이를 인정하지 않겠다는 의지로 연일 전략 폭격기를 띄웠다. 그러자 중국이 이에 대해 무대응으로 갔다. 아마도 미국과 초기에 마찰을 일으키지 않으려는 중국의 전략적 의도로 보인다. 미국이 괌에서 매일 전략 폭격기나 전투기를 발진시키려면 그 비용도 만만치 않을 것이므로 미국이 지쳐서 그 행위를 중단하게 되면 중국의 방공식별 구역은 서서히 자연스럽게 인정되는 형국이 될 것이라는 점을 노리고 있는 듯하다.

미·중 간에는 심각한 무역 전쟁도 벌어지고 있다. 트럼프 대통령의 '미국 우선주의'와 중국 시진핑 국가주석의 '일대일로' 정책이 부딪친 것이다. 이처럼 복잡한 미·중 간의 대결에 미국은 안보의 최우선 순위를 인도 태평양 지역에 두고 역내 동맹국과 협력을 강화하고 있다. 태평양 사령부를 인도 태평양 사령부로 확대 개편하고 군사력을 증강시키고 있으며 역내 국가들과 연합 훈련을 강화하고 있다. 중국 역시 항공모함을 건조하여 진수시키고 ICBM 발사 시험도 하고 있다.

이러한 상황에서 분명한 것은 외교란 힘이 뒷받침되어야 한다는 사실이다. 힘이 없을 때는 가만히 엎드려 있다가 힘이 생기면 일어나는 것이다. 사실 이러한 힘의 외교는 힘을 기르는 것이 어렵지, 힘만 생기면 가만히 있어도 되는 것이다. 그런데 우리나라는 상대적으로 이 지역에서 열세하다. 이런 상황에서 우리의 외교는 무엇이어야 하고 어떻게 해야 하는가가 문제다.

힘이 없는 나라가 정글과 같은 국제사회에서 외교를 하려면 관계 외교밖에 무엇이 있겠는가? 그런데 그 관계를 무엇으로 만드느냐 하는 것이다. 어떠한 방법을 써서라도 상대국의 아킬레스건을 잡고 있어야 한다. 그래야만 유리한 경쟁의 틀을 만들 수 있다. 그러한 아킬레스건을 손에 넣을 수 있는 방법론이 전략이다.

그런데 요즘 이러한 동북아의 불안한 안보 상황에 소위 안보에 대해서 조금 안다는 사람들은 모두 한마디씩 한다. "이조 말 상황과 같으니 대책을 잘 수립해야 한다."라고 한다. 그 대책이 뭔가를 알고 싶은데 '대책을 잘 수립하라.'라고만 한다. 혹자는 외교 전략을 적극적으로 잘해야 한다고 한다. 그 외교 전략을 가르쳐 달라고 하는데, 전략적으로 잘 대처하라고 한다.

비록 모양은 지금의 상황이 황준헌이 조선책략을 내놓을 당시와 같다고 하더라도 실제 자세히 들여다보면 그 모양이 전혀 다르다. 그 당시는 식민지 쟁탈전의 시대이고, 왕권 또는 전제 국가들이다. 또한, 국가 간의 상호 연계성이 그리 크지 않았다. 지금의 글로벌 시대와는 상황이 크게 다르다.

이러한 국제환경에서 20세기 초와 같은 상황이라고 처방을 내놓아서는 안 된다. 세계가 글로벌 경제체제를 구축하고 있으므로 국가 간 경제적으로 상호의존성이 크다. 그리고 국가지도자도 자기 마음대로 나라를 운영하는 것이 아니고 국민의 여론에 크게 좌우된다.

지적 수준의 향상은 갈등의 해결을 주먹다짐보다는 협상을 통해 해결하고자 할 가능성이 높다. 그러므로 그 답은 외부적, 내부적 채

널을 가동하여 당사국 간에 솔직한 이해의 폭을 넓히는 외교를 펼쳐야 한다. 자국 국민을 의식한 외교적 수사로 외교를 해서는 갈등을 해결할 수 없다. 진솔한 마음으로 솔직하게 윈윈의 협상테이블을 만들어서 줄 것은 주고, 받을 것은 받아야 하며 세계인들의 보편적 의지가 수용되도록 함으로써 작은 나라도 큰 나라와 대등한 외교를 할 수 있다.

예를 들어 중국과의 관계에서 흔히 많은 사람들이 미국과 중국 둘 중에 하나를 선택해야 하는 것처럼 말하는데, 그건 아니다. 중국에 가서 솔직히 말해야 한다. 우리는 한미 동맹하에 있고 미국의 도움이 우리의 안보에 절대 필요하다. 미국의 도움으로 한반도가 안정되는 것이 중국에게 이익이 되지 않겠나? 그리고 경제는 지금과 같이 중국과 많은 거래를 하는 것이 양국의 국익에 도움이 되니 안보문제를 이 경제에 결부시키는 것은 지혜롭지 못하다는 것을 이해시키는 것이다.

북한의 일탈 행위에 대해서도 중국이 지원한다면 국제사회에서 지도국으로서의 자질을 의심받을 것이며 통일의 기회가 올 경우 한국 주도의 통일이 중국에게 유리하다는 것을 세세히 설명해야 한다. 설사 한·미 연합작전하에 통일이 된다고 하더라도 절대 중국의 영토를 침범하는 일은 없을 것이라는 것을 믿을 수 있게 해 주어야 한다. 보통 이러한 거래는 물밑에서 이뤄지는 것이다.

한일관계 역시 미래지향적으로 나아가야 한다. 일제 강제 징용에 대해서도 배상을 받고 싶지만 역지사지하여 국민이 강제 징용을 당하게 만든 우리 정부의 책임도 있으므로 징용자에 대한 배상은 우리 정부가 하고 일본으로부터는 도덕적 채무를 지게 하고 현실은 미래지향적으로 협력하는 것이 최선이다. 과거사 문제와 당면 현안 문제가 있더라도 자유민주주의를 국체로 하는 일본과는 협력하는 것이 좋다. 일본으로 하여금 오래 시간 부채의식을 갖게 하는 것이 장기적으로 우리에게 이익이다.

마지막으로 미국과의 관계는 한미 동맹을 기반으로 하는 초석이다. 대한민국 건국과 6.25 전쟁을 통하여 우리는 미국의 전폭적인 지원을 받았다. 미국은 우리에게는 독특하고 특수한 관계다. 지정학적으로 동북아 안보에 관련이 되어 있으면서도 지리적으로 멀리 떨어져 있고 자유민주적 이념하에 운영되는 국가이므로 영토적 야욕이 없다. 그런 면에서 가까이 하더라도 침략을 당할 가능성은 없다. 이승만 대통령이 한미 동맹이 한국의 생존과 번영의 관건이라는 것을 간파한 것은 신의 한 수다.

경쟁의 장에서 생존하고 번영하려면 강한 자와 손을 잡는 것이 유리하다. 그래야만 여타 국가가 얕보지 않는다. 사업 자금이 부족하여 은행에서 돈을 빌리면 응분의 담보를 제공해야 하며 그 담보에 대한 자율권을 유보해야 한다. 우리가 미국과 동맹 관계를 유지하려면 미국의 막강한 군사력과 외교력의 도움을 받는 대신의 그에 상응한 행동의 자유를 유보하는 것은 어쩔 수 없다. 다만 그 행동의 자유가 최소한으로 제한되도록 노력하는 것은 대미 외교 전략이다.

요컨대 우리나라는 세계 최강과 맺은 한미동맹을 기반으로 일본과 미래 차원의 협력을 강화하여 우리의 생존과 번영을 위협하는 세력으로부터 안전보장을 도모하고 동북아 지역 내의 긴장 고조를 방지하기 위하여 역내 모든 국가와 적극적 외교활동을 할 필요가 있다. 그러나 이 모든 활동의 기반을 제공하는 것은 우리의 국력이므로 경제 성장, 군사력 건설, 국론 통일 및 단합에 매진해야 한다.

북핵 위기 대응

1990년대 초부터 수면 위로 떠오른 북한 핵 문제는 그간 여러 가지 노력에도 제동이 걸린 적이 한 번도 없으며 북한은 마침내 실질적인 핵 보유국이 되었다. 국제사회와 유엔 그리고 한반도 주변국과 양 개 당사국이 만든 6자회담 등 많은 시간과 노력을 허비하고도 그 결과는 북한 핵이 이제 선명하게 나타났다.

우리가 북한 핵에 대하여 제대로 대응하려면 북한의 핵 전략 실상

을 제대로 파악하고 나서 우리에게 '유리한 경쟁의 틀'을 만들었어야
했다. 그러기 위해서는 먼저 북한이 왜 핵을 개발하려고 하느냐를 철
저히 분석해 봐야 한다. 우리는 흔히 핵은 인류를 말살할 절대무기이
므로 개발해서는 안 되고 핵 없는 세상을 만들어야 한다는 이상적인
이야기만 되뇌고 있었다. 그런 이야기는 쓸모가 없고 진정으로 왜 북
한이 그렇게 어려운 경제적 상황임에도, 더구나 국제사회의 거대한
압박에도 불구하고 핵을 개발하고 있는가? 하는 근본적인 문제를 알
아야 한다.

  그 이유를 알고자 하면 역지사지를 해야 한다. 북한의 입장, 아니
더 정확히 말해서 김일성, 김정일, 김정은의 입장이 되어서 생각해
봐야 한다. 6.25 전쟁을 통하여 그들이 목표로 하는 대남 적화통일이
실패하였다. 그 후 그들은 노동당 강령에 따라 대남적화통일을 위해
지속적으로 매진했었다. 그러나 그들의 입장에서는 불행하게도 한
국은 성공적인 경제개발을 통하여 국력이 크게 신장되었다. 이 경제
력을 바탕으로 한국군은 장비 현대화 등 군사력이 질적으로 크게 향
상되었다.

  적어도 1970년대까지만 해도 남북 간의 재래식 군사력 경쟁은 어
느 정도 균형을 잡아 가고 있었다. 그러나 1980년을 고비로 한국의
경제 능력과 그에 비례하는 재래식 군사력과의 경쟁에 북한이 부담
을 느끼기 시작하였다. 사실, 공산주의 경제가 갖는 치명적 약점인

생산성이 점점 하락하여 북한의 경제는 하강의 길로 들어섰기 때문이다.

이러한 국력과 군사력으로는 한·미 군사동맹을 근간으로 하는 한국군과 대적하는 것이 힘들다는 것을 알았을 것이다. 이런 상황에서 북한이 남·북 경쟁에서 유리한 경쟁의 틀을 만들기 위해 값이 싼 절대무기에 눈을 돌리게 되었다고 본다. 절대 무기인 핵무기는 냉전체제하에서 공포의 억제력으로 그 위력이 이미 증명이 되었다.

또 하나 유념해야 할 사항은 북한과 같은 독재국가의 국민(인민)은 권력자가 권력을 유지하는 데 필요한 수단일 따름이다. 국민이 주인인 자유민주국가의 국민에 대한 개념과는 전혀 다른 것이다. 즉, 인민들이 먹을 것이 없어 굶어죽거나 말거나 그것은 중요하지 않다.

외부의 경제 제재가 아무리 심해도 권력자들의 생존과 바꿀 수는 없는 것이다. 북한의 권력자들은 개방하면 죽는다는 것을 안다. 그리고 핵만이 유일하게 자신들을 보호해 줄 것이라고 믿고 있다. 그 핵무기를 내려놓는 순간 김정은권력 집단은 죽게 된다는 것을 그들이 너무나 잘 알고 있다. 또한, 독재권력이란 국민이 잘살게 되면 통제가 어려워지므로 국민이 잘사는 것을 좋아하지 않는다. 외부로부터 지원되는 모든 것들은 권력자 집단과 그 권력을 유지하는 데 필요한 필수기관에만 제공한다.

위의 두 가지 상황을 종합하면 핵무기에 대한 북한의 입장이 설명된다. 남북한 경쟁에서 북한이 유리한 경쟁의 틀을 유지하려면 어떠한 대가를 지불하더라도 핵무기는 반드시 손에 쥐고 있어야 한다. 이미 우리가 본 바와 같이 경제제재를 한다고 해도 오랫동안 자력갱생의 훈련을 받아온 그들은 흔들리지 않는다. 배급체제가 무너진 지 오래지만 인민은 각자도생하고 있는 상황이다. 김정은은 오로지 자신의 생존에만 관심이 있다. 그 생존에 필수적인 마지막 보루가 핵무기라고 생각하고 있는 상황에서 북한이 그 생명줄을 포기할 리가 없다.

그러면 우리는 어떻게 해야 하는가? 원모심려로 우리에게 유리한 경쟁의 틀을 만들어야 한다. 북한의 핵에 대하여 우리가 핵을 가져야 한다고 주장하는 사람들이 있는데, 그것은 현실적으로 불가능하다. 남·북 간에 핵무기로 공포의 균형을 이루겠다는 이야기인데 이런 논의는 세계적 슈퍼파워 간에나 가능한 얘기다. 우리에게는 간섭하는 세력이 내외적으로 너무 많다. 내부에서는 환경론자와 진보주의자가 동의하지 않을 것이고 외부에서는 주변국은 말할 것도 없고 우리의 동맹인 미국마저도 절대 용인하지 않을 것이다. 수출로 먹고사는 우리나라는 대외관계에서 자유롭지 못하고, 국제적 평판은 우리나라의 발전에 아주 중요하기 때문에 핵무기를 보유한다는 것은 비현실적이다.

북한의 핵 개발을 포기시키기 위해서는 국제적 압력이 필요하다고 하는데 그것이 그냥 가만히 있는 것보다는 나을지 모르지만 실제로는 별 효과를 기대하기 힘들다. 미국이나 일본은 북한이 적대시하는 나라라서 북한이 말을 듣지 않으리라는 것은 누구나 아는 사실이고 그래서 중국이 압력을 행사하면 가능하지 않겠느냐고 말하는 사람들이 있지만, 다른 것은 몰라도 핵 문제에 관해서는 결코 듣지 않을 것이다.

아무리 긴밀한 관계라고 하더라도 핵무기는 자신의 생명과 직결되는 문제라서 포기하면 곧 죽음이라고 생각하는 자들이 다른 나라의 조언을 들을 리 만무하다. 중국으로 봐서도 그렇게 심각하게 강요하지는 않을 것이다. 다만 국제적 분위기 탓에 제스처는 하겠지만 오히려 적대관계인 미국의 관심과 노력을 낭비시키는 북한의 핵이 중국에 전략적으로 도움이 된다고 생각할 수도 있다.

그러면 남은 것은 우리에게 유리한 경쟁의 틀을 만들기 위해서 우리가 북한보다 나은 것이 무엇인지 찾아내야 한다. 그것은 우리의 장점을 극대화시키는 것이다. 그것은 바로 총체적 국력이다. 우리의 경제는 날로 발전하여 국력이 증가하는 반면 북한은 경제적으로 빈곤하여 시간이 갈수록 쇠퇴할 것이다. 그러므로 시간은 우리 편에 있다. 즉, 시간이 가면 갈수록 우리가 유리한 입장이 될 것이다. 따라서 너무 조급하지 말고 여유 있게 기다리면서 우리는 경제 성장과 사회적 안정을 이룩하여 국력을 지속적으로 키워 나가야 한다.

　우리의 단결된 힘과 국력 앞에 북한의 도발과 핵 위협으로는 아무 것도 얻지 못한다는 것을 보여 주어야 한다. 구체적으로는 국제적 공조를 긴밀히 유지하고 내부적으로는 온 국민이 단합하여 지속적인 경제 발전을 바탕으로 군건한 국력을 유지하여야 한다. 북한에 대하여 의연한 자세로 북한이 스스로 포기할 때까지 기다리는 것이 최상의 전략이다. 북한에게 도발의 빌미를 제공하지도 말고 만일 도발한다면 단호히 응징하여 재도발하지 않도록 해야 한다.

　결론적으로 북한 핵은 저들이 절대 포기하지 않을 것이기 때문에 핵 개발 반대에 대한 전술적 제스처는 취하되 전략적으로는 경제발전, 국민통합, 긴밀한 국제 공조를 통한 국력 경쟁의 틀로 만들어 가면 된다. 우리의 단합된 국력을 바탕으로 지나친 관심과 방심도 하지 말고 의연한 자세로 북한의 움직임을 관망하는 것이 바람직할 것이다.

　그러다 보면 북한이 스스로 굴복을 하거나 아니면 자체 동력이 소진되어 잿불이 사그라지듯 조용히 사그라질 것이다. 마치 침대위에서 누워 지내는 환자가 활력을 잃어 마침내 죽는 것처럼…. 그래야만, 통일 과정이 시끄럽지 않고 그저 차분한 장례식처럼 정리하고 남북이 하나가 되는 통일이 될 수 있을 것이다. 우리의 성정이 화끈하고 급한데, 제발 이 문제만은 성질을 죽이고 기다려 보는 것이 좋다. 조용히 관리하면 북한은 가뭄에 고사하는 나무처럼 될 것이다.

치산치수

어릴 때 우리나라 산은 민둥산이었다. 지금 북한의 산이 그렇다고 한다. 어른들에게 들은 바로는 일제가 물러가자 연료용으로 나무를 마구잡이로 베어 낸 결과라고 한다. 1960년대까지 낙엽을 긁어서 아궁이에 불을 때서 방을 덥히고, 밥을 짓고 쇠죽을 끓였다. 산에 나무가 없어지자 나무뿌리까지 캐기 시작했다. 그래서 비가 오면 흙탕물 홍수가 지고 제방이 무너져서 논은 물에 잠기고 모래로 덮였다. 이러한 홍수 범람은 연례행사로 이어지곤 했다.

박정희 대통령은 나무 심기를 권장 수준을 넘어서 강제하기까지 했다. 해마다 식목일을 공휴일로 정해 국민 모두가 나무를 심었다. 홍수방지를 위해서 나무를 심다 보니 속성수 위주로 심었다. 그 당시 가장 대표적인 나무가 아카시아, 은사시, 그리고 리기타 소나무였다. 이러한 나무는 경제적 수종이 되지 못하였다. 은사시 나무 꽃은 눈병을 유발하는 애물단지가 되어 버렸다. 이렇게 열광적으로 나무를 심고, 모든 산은 입산금지 상태로 통제했으며 소나무 가지 하나도 꺾지 못하게 단속을 했다. 학교에서는 아카시아 씨를 모아 오라는 숙제를 내주기도 했다.

그때 우리는 모두 산에 나무가 많아 푸르러지면 홍수가 방지되고 가뭄도 방지된다고 배웠다. 하지만 산에 나무가 엄청나게 많은데도 비가 오면 물이 갑자기 불어나서 하천의 수위가 올라가 위험하고, 비가 그치면 갑자기 수위가 낮아졌다. 하루만 지나면 하천은 물이 거의 없는 실개천으로 변했다.

원인은 낙엽이 너무 깊게 쌓여 있고 나무가 너무 빽빽하게 자라서 빗물이 땅속으로 스며들지 못하는 것이었다. 즉, 내리는 비가 빽빽하게 들어선 나무의 나뭇잎을 타고 흘러내리고, 나머지는 나무 밑으로 떨어졌지만 두껍게 쌓인 낙엽 층을 침투하지 못하고 낙엽 위를 타고 내려서 나타나는 현상이었다. 그런데도 많은 사람들이 이해하지 못한다. "지나침은 부족함만 못하다."라는 말이 이에 가장 적절할 것 같다.

산에 나무가 있어야 산사태를 방지하고 홍수도 방지된다. 그런데 산에 나무가 너무 많으면 빗물이 침투할 수 없어서 산이 물을 저장하지 못한다. 빽빽하게 자란 나무는 뿌리가 넓게 퍼지지 못하여 생각지도 못한 곳에서 산사태가 난다. 이러한 현상은 산에 나무가 적정 개체 수를 넘어서 일어나는 현상이다.

산에 나무가 적절해야 빗물이 땅속으로 스며들어 지하수가 되고 이 지하수가 지속적으로 솟아 나와야 강이 일정한 수위를 유지한다. 그런데 우리는 산에 나무가 없다고 무작정 심어 대기만 했다. 그 결과 빗물이 침투되지 않아 산이 물을 저장하는 창고로서 역할을 하지 못했다.

비가 올 때 수위가 올라갈 것을 대비하여 제방을 높이 쌓고, 하상을 준설하고 그치면 하천에 물이 없으니 저수지를 만들고 마침내 4대강에는 보를 만들었다. 이 공사에 엄청나게 많은 돈을 썼다. 정권이 바뀌자 환경론자들이 들고 일어나 고인 물이 썩는다고 보를 열어 방류하는가 하면 공사 중에 부정 담합이 있었다고 비리로 처벌을 받는 국가적 혼란이 전개되고 있다. 적정 수량이 유지되지 못하니 산골짜기 계곡이 마르고 동네 앞을 흐르는 개울물도 마르고 이어서 소·하천, 중·하천, 강까지 말라 버려 생태계가 파괴되었다.

이제 산과 강을 하나의 전체적인 시스템으로 생각해서 가꾸고 관리해야 한다. 산에는 나무를 적정량 심어 빗물이 땅속으로 스며들 수 있게 해야 한다. 낙엽도 적정량을 유지하여 낙엽이 부엽토가 되어 거름이 되도록 해야 한다. 또한, 사람들이 산을 자유로이 드나들 수 있게 간벌을 해서 가치 있는 나무만 자라게 만들어야 한다. 이렇게 함으로써 나무의 경제적 가치를 얻음은 물론 사람들이 산에서 건강을 얻을 수 있게 만들어야 한다. 가장 중요한 것은 산을, 물을 머금고 있는 '워터 포켓'으로 만들어서 맛있고 깨끗한 지하수가 샘솟게 만들어야 한다. 그렇게 되면 강은 항상 일정 수준의 물이 흘러 자연스럽게 하천 생태계가 유지될 것이다. 콘크리트 댐이 막아선 보기 흉한 강이 아니라 언제나 맑은 물이 일정 수량을 유지하며 유유히 흐르는 강이 되어 사람이 건강하게 사는 데 도움이 되는 강이 되도록 해야 한다.

이제 치산과 치수를 따로 해서는 안 된다. 치산치수를 하나의 시스템으로 묶어 관리하는 전략이 필요하다. 예산이 없다고 말하는데, 재해대책비와 생태계 유지비용을 계산해 보면 산 가꾸기에 필요한 예산은 충분할 것이다. 재해와의 경쟁에서 강과 산을 따로따로 관리하는 방식에서 산과 강을 하나의 시스템으로 묶어 관리하는 전체적이고 미래적 관점의 전략적 사고가 답이다.

한식 세계화

요즘 한정식 식당에 가면 분명 한식인데 상을 내오는 방식은 서양식이다. 먼저 요리랍시고 서양 음식처럼 나온다. 그것을 다 먹고 나면 배가 부른데, 그 이후에 밥과 국이 나오고 된장찌개, 김치 등 우리의 전통음식이 나온다. 아마 이것도 사대주의의 한 형태가 아닐까 생각한다. 한식은 밥과 반찬이 어우러지는 것을 전제로 간이 맞춰져 있다. 밥은 어떤 반찬과도 조합을 이룰 수 있게 그 맛이 담백하다. 우리 한식 반찬 중에서 가장 기본적인 된장찌개와 김치는 너무 짜서 독립적으로는 먹을 수가 없다. 그 반찬들이 밥과 어우러질 맛이 제각각으로 개성 있게 혹은 창의적인 맛을 낸다.

한식은 상위에 공간적으로 배열된 선택의 자유가 보장되는 밥상이다. 이에 비해 서양음식은 자유가 없다. 순차적으로 내어 주는 것을 거의 반 강제적으로 모두 먹어야 한다. 같이 먹는 사람들은 거의 동일한 맛을 느낀다. 한식은 1차적으로 밥상에서 선택의 자유가 보장되어 있다. 밥상 위에 있는 반찬 중에서 무엇을 고르느냐 하는 것은 오로지 먹는 사람의 취향과 선택이다. 2차적 선택은 입속에서 이뤄진다. 그 반찬의 양을 얼마큼 밥과 함께 먹을 것인가이다. 한 가지 반찬만 먹을 것인가? 여러 가지 반찬을 골고루 먹을 것인가도 먹는 사람의 선택에 달려 있다. 세상의 재미는 선택의 자유에 있다. 밥상에서 자기가 먹고 싶은 것을 한꺼번에 죽 늘어놓고 원하는 것을 젓가락으로 집어먹는 것은 완벽한 선택의 자유다.

우리는 흔히 양식이나 중국식을 먹을 때 다음에 나올 음식이 무엇인지 몰라서 궁금할 때가 있다. 그때엔 음식 순서 표를 보는데 처음

경험하는 코스음식은 불안하기까지 하다. 먹을 양을 조절하는 것도 쉬운 일이 아니다. 앞에 나오는 것을 잔뜩 먹었다가 나중에 메인 요리는 입도 못 대는 경우도 있다. 그냥 꾸역꾸역 다 먹어 버리면 포만감을 이기지 못해 고생하는 경우도 있다. 이에 비해서 한식은 지극히 고객 중심이다. 밥상에 차려진 것을 보고 자기가 원하는 것만 골라서 적당히 먹으면 되는 것이다.

근대화 과정에서 '우리 것은 무조건 뒤떨어진 것이고 서양 것은 앞선 것'이라는 생각이 지배하고 있었던 관계로, 한식을 발전시킨답시고 소위 내건 '한식의 세계화'는 한식을 서양의 격식에 맞춰 버리는 어리석음을 범하고 있다. 모든 생활의 방식은 그 나름의 문화를 배경으로 하고 있다. 그리고 그 문화는 그 문화가 태동하여 성장한 자연적, 인위적 환경의 영향하에 있다.

우리의 한식은 한반도라는 자연환경과 우리네 조상들의 삶의 방식으로 결정되었다. 그런데 우리의 음식을 서양식으로 차린다면 그것은 엄격한 의미에서 한식이 아니다. 다시 말해서 한식의 존재 방식이 아닌 것이다. 이제 한식의 세계화 방향은 바뀌어야 한다. 아니 한식의 세계화가 아니라 한식의 독자성으로 외국인들에게 주체적으로 다가가야 한다.

복지 정책

물고기를 잡아 주는 것보다는 물고기 잡는 법을 가르쳐 주어야 한다. 물고기 잡는 법을 가르쳐 주면 지속 가능성이 보장될 뿐만 아니라 개인들이 느끼는 성취감과 자존감 그리고 존재감마저 느낄 수 있어 삶이 더욱 행복해질 수 있다. 물고기를 잡아 주면, 우선은 좋을지 모르지만 열패감, 무력감, 나태 등등 생의 활력을 잃어버린다. 인간은 물질적 재화 못지않게 정신적 만족감 역시 행복을 추구하는 데에 아주 중요하다. 그런데 정치인들은 우선 '먹기 좋은 곶감'이 달다고 표만 의식한 채 곶감을 제공한다. 나중에 아이의 이가 썩든지 말든지 당뇨가 생기든지 말든지 우선 내가 당선만 되면 된다는 생각에 사로잡혀 대중을 사지로 유혹한다.

대중은 어리석어 조삼모사(朝三暮四)보다 조사모삼(朝四暮三)을 더 좋아한다. 이것은 우리의 사회가 불신이 너무 만연하다는 것을 반영하지만 그래도 의식 있는 오피니언 리더들은 올바른 생각을 내 놓아야 한다. 그리고 그런 사람이 많아지면 대중을 올바른 길로 안내할 수 있을 것이다.

복지는 단순한 접근으로 이를 해결할 수 없다. 끊임없이 변화하는 세상에서 누군가를 도와 일으키려면 그가 변화에 잘 대처하고 적응하도록 도와야 한다. 물살이 거셀수록 튼튼한 뗏목을 마련하고 개인이 그 뗏목으로 물살을 성공적으로 탈 때 경제도 성장한다. 그러니 복지의 요체는 시장에서 뒤처진 패자를 신속히 부활시켜 시장에 재진입시키는 것이며 복지와 경제는 더 이상 별개가 아니다.

막대한 재정을 투입하여 굳이 배우거나 일하지 않아도 버틸 수 있도록 하여 계속 빈곤 속에서 살도록 눌러 앉히는 방식은 올바른 복지 정책이 아니다. 당장 의지할 무엇을 나눠 주는 것도 중요하지만 뗏목을 탈 줄 알도록 교육하고 훈련하는 것이 진정한 복지다.

지금 복지를 확대하고자 하는 것은 다음 세대의 부담이다. 한번 복지에 맛을 들이면 거기서 헤어나기가 어렵다. 세금을 더 거두지 않고 복지를 늘리면 재정적자와 국가부채가 늘어난다. 보스턴대 코틀리코프 교수의 세대 간 복지비용 분담 연구인 '세대 간 회계'를 적용하면, 미래 세대는 현재의 세대보다 3배 많은 세금 부담을 떠안아야 한다.

우리나라는 현재의 복지를 그대로 유지해도 저출산·고령화로 젊은 세대가 짊어질 복지비용이 눈덩이처럼 불어나는데, 장차 복지 요구가 더 거세지면 그 부담은 더욱 커질 것이다. 이는 기성 세대가 청년들과 미래 세대에 빚더미를 떠넘기는 셈이다. 이대로 가다가는 미래 세대는 기성 세대가 누린 복지비용을 뒷감당하느라 평생 허덕일지도 모른다.

복지와 분배를 국정의 최우선 순위로 삼으면 나라는 '고부채·저성장'의 늪에 빠진다. 기업은 투자재원이 줄어 줄줄이 해외로 떠나고 일자리와 소득이 줄면서 양극화는 더욱 심화된다. 88만원 청년 세대가 바라는 건 희망을 갖고 일할 수 있는 직장이다. 그런데 과잉복지는 청년들의 일자리와 희망을 빼앗는다.

오늘의 '무상과 반값'은 머지않은 장래에 엄청난 금액의 청구서로 되돌아온다. 지금의 복지확대를 미래적 국가 전체적으로 사고하면 바로 답이 나온다. 그런데도 당장의 달콤한 맛에 취해 미래에 자신이 또는 자식이나 손자 세대가 감당하기 어려운 부담에 허덕일 것을 생각하지 못한다.

사고예방

서해페리호 사건이 일어나서 그 당시 많은 국민들이 울분을 토하고 성금을 내면서 온 나라가 시끄러웠지만, 그 교훈이 사고 예방에 기여하지 못했다. 성수대교, 삼풍백화점, 대구 지하철, 세월호 등 수많은 대형 참사가 있었지만 당시에만 흥분하다가 흐지부지되고 말았다.

개인 가정사도 마찬가지다. 여름철 물놀이를 가서 아이가 물에 빠지면 수영을 할 줄 몰라도 무조건 물속으로 뛰어들고 본다. 같이 허우적거리다가 둘 다 사망하는 경우를 자주 본다. 구조하는 사람은 당연히 안전조치를 하고 구조하러 물에 들어가야 한다.

구한말 혼란의 시기를 거쳐 일제 강점기를 살아야 했던 보통 사람들의 생존환경은 거의 원시인들이 살아갔던 시대적 환경과 별반 다르지 않았을 것이고, 해방의 혼란한 상황에 이어서 닥친 6.25 전쟁은 아수라장과 같아서 이 또한 피비린내 나는 생존경쟁의 현장이었다. 이러한 사회적 여건은 우리가 경제발전의 성공으로 선진국의 대열에 들어갔으면서도 정신적 발전은 경제발전에 비해 지체 현상을 보이고 있는 것이다.

이제 우리도 경제발전에 걸맞게 의식도 발전할 필요가 있다. 분명한 자의식을 가지고 내가 주인이 되는 생각을 할 필요가 있다. 감정적이기보다는 합리적으로 행동하는 것이 바람직하다. 남이 한다고 주관 없이 우르르 몰려가지 말고 그 순간에도 내가 해야 할 일을 찾아서 확신을 가지고 행동하는 것이 좋다. 눈앞에 벌어지는 일에만 관심을 갖지 말고 멀리 보고 계획하고 준비하는 자세가 요망된다.

평소 안전에 대한 의식을 갖고 조심하고 대비하는 전략적 자세가 필요하다. 우리는 이제 가래로도 못 막을 물을 미리 준비하고 조심함으로써 호미로도 막는 일을 해야 한다. 예방이 훨씬 안전한 세상을 만들 수 있다. 국민 한 사람 한 사람이 예방활동을 한다면 우리에게 재난은 일어나지 않을 것이며 울분하고 슬퍼하고 땅을 치며 후회하는 일도 없을 것이다.

청년 취업

경제가 어려워지자 일자리가 화두다. 특히 우리나라는 복지 문제와 맞물려 일자리 문제가 가장 큰 이슈로 자리 잡았다. 청년 실업은 늘어나고 있는데 이를 해결할 뾰족한 묘안이 없다. 이제 이 문제는 경제학에서 답을 찾을 것이 아니라 사회 전체적으로 범위를 넓혀 사회학을 비롯한 여러 분야에서 답을 찾아야 한다.

모 대학의 경제학 교수와 일자리 이야기를 하는데, 제조업에 투자해야 한단다. 제조업에 투자한다고 해서 일자리가 늘어나는 것이 아니다. 투자를 하면 생산성 제고를 위해 종업원을 해고하고 더 좋은 '생산 자동화시스템'을 설치한다. 사장은 생산성은 낮으면서 임금은 높고 세계적으로 명성이 높은 악성 노조활동을 상대해야 하는 것을 좋아하지 않는다.

기업인들은 돈이 없어서 생산 자동화 시스템을 설치하지 못하고 있을 뿐이다. 경제학자들이 좋아하는 생산성 측면에서 보더라도 일자리를 늘리기 위해 사람을 고용하는 것은 지금과 같은 IT문명에서는 전혀 생산성 향상과 맞지 않는다. 그들이 제조업 사장이라면 그렇게 하지 않는다.

교수들이 주장하는 생산성 향상과 일자리 늘리기는 서로 일치하지 않는 상황이다. 그리고 많은 대학 졸업자들이 시시한 일자리는 가지 않으려고 한다. 우리나라 청년 실업자 대부분은 거의 모두가 대학을 졸업한 사람들이다. 그리고 귀하게 자란 소공자들이다. 따라서 그들은 번듯한 대기업 직장이 아니면 거들떠보지도 않는다.

이러한 현상은 본인 자신뿐만 아니라 어머니도 한 몫을 한다. 시시한 중소기업에 다닐 바에야 차라리 그냥 놀라고 한단다. 그런 직장에 다니면 "혼삿길이 막힌다."라는 것이다. 그 결과 중소기업에는 인력이 모자라는데 청년들의 실업률은 높다. 반대로 중소기업 사장들이 인력 시장에서 일할 사람을 찾지 못해 동남아에서 온 외국인 노동자들을 고용할 수밖에 없다.

그렇다면 경제학자들은 왜 이러고 있을까? 경제학자들은 그들이 가르친 경제원리가 그대로 작동한다고 환상에 빠져 있다. 그리고 억지로라도 그것에 맞추고 싶어 한다. 그래야만 그들이 교단에서 한 이야기들이 거짓말이 아니라는 것을 증명하는 것이 되기 때문이다. 그들의 경제 원리대로 경제가 돌아가지 않으면 자존심이 상하고, 자신들이 설 자리를 잃을까 봐 걱정을 한다.

이제 우리는 경제의 패러다임이 바뀌었다는 사실을 인정해야 한다. 1980년대 말 우리나라는 '노동집약적 산업의 붕괴'라는 쓰나미가 밀려왔다. 임금은 올라가고 값싼 중국의 노동력 때문에 노동집약적 산업은 경쟁력이 없어졌다. 당시 직장을 잃은 근로자들은 중국이 쫓아오지 못하는 IT, 자동차 등 기술집약적 산업에서 흡수하면 될 것이라고 판단했다. 그러나 그것은 예상대로 되지 못하였다. 아직도 제조업에 투자하면 일자리가 늘어날 것이라는 과거 산업사회 시절의 논리를 고집하는 사람들이 많은 것 같다.

그러면 어떻게 해야 일자리를 늘릴 수 있는가? 결론부터 말하면 서비스 산업이다. 기계가 할 수 없는 일자리를 많이 만들어 내야 한다. 선진국의 예만 보더라도 그렇다. 미국은 서비스 산업이 차지하는 비중이 81.6%이고 캐나다는 76.9%다. 그리고 G7 평균이 74.9%다. 그런데 우리나라는 60%도 안 된다. 우리나라의 서비스 산업 비중이 낮은 것도 그렇지만 그 내용이 더 문제. 거기에는 일자리를 구하지 못해 어쩔 수 없이 하는 생계형 자영업자가 많은 부분을 차지하고 있다는 사실이다. 그 생계형 자영업자는 일자리를 거의 만들지 못한다.

우리나라에서 서비스 산업 분야에서 일자리를 창출할 방법은 얼마든지 있다. 그것은 서비스의 차별화에서 찾아야 한다. 같은 서비스라도 질에서 차이를 만들어야 한다. 많은 돈을 내고 좋은 서비스를 받으려는 사람은 그에 걸맞게 서비스를 하고 서비스의 질보다는 가격에 우선 가치를 두는 사람에게는 저렴한 서비스를 하면 된다.

말도 많고 탈도 많은 골프를 예로 들어보자. 우리나라 골프장은 천편일률적으로 호화판 클럽하우스를 짓고 높은 가격을 요구한다. 골프장을 이제는 여러 가지로 차별화하는 전략이 필요하다. 최상의 서비스를 받고자 하는 고객에게는 많은 돈을 요구하면서 거의 황제 수준의 서비스를 하고, 가격에 관심이 많은 사람들에게는 값싼 골프장을 만들어 실비로 이용할 수 있도록 하면 된다. 그린피를 5만원에서 시작하여 50만 원 이상 하는 골프장의 차별화를 생각해 볼 수 있다. 아마 골프장의 경영난을 생각해 보면 앞으로 이 길 밖에 없을 것이다.

관광 가이드만 해도 그렇다. 외국인 관광객을 가이드 하는 사람들이 현지 언어도 모른 채 그리고 탐방지의 역사적 자료도 충분히 공부하지 않은 채 그저 50명, 100명 떼거리로 몰고 다니면서 기념품 가게나 음식점으로 안내하는 사례를 자주 본다. 값싼 코스는 그렇게 해도 어쩔 수 없는 일이지만, 양질의 가이드를 원하는 사람들을 위해서 10명 미만의 소규모 관광단으로 쪼개서 가이드 하는 것도 좋은 방안이다. 가이드의 용모, 언어 문제, 식당안내 문제 등 최고급의 서비스를 제공한다면 엄청난 일자리가 생겨날 것이다. 그리고 자세하게 우리의 역사와 문화를 알려 준다면 외교적으로도 큰 도움이 될 것이다.

그런데 이렇게 하는 데는 두 가지 문제가 있다. 하나는 우리 국민성이 문제다. 우리 국민들은 차별과 차이를 구별하지 못하고 기회적 평등과 산술적 평등을 구별하지 못한다. 다른 하나는 대접받기를 좋아하지 남에게 봉사하는 것을 좋아하지 않는다. 이 문제를 풀어야 한다. 서비스의 차별화 작업과 병행해서 인식의 변화를 유도해야 한다. 자신이 원하는 곳에서 마음 놓고 서비스를 받을 수 있고 그것을 당연한 것으로 받아들일 줄 아는 인식의 변화가 필요하다. 입으로만 직업에 귀천이 없다고 하지 말고 진정으로 행동해야 한다.

제조업은 이제 소수의 인력만이 필요하다는 것을 인식해야 한다. 그리고 그 힘든 일들은 기계가 하고 사람들은 서비스를 필요로 하는 사람들을 기분 좋게 하는 직업이 좋은 직업이라는 것을 인식해야 한다. 더구나 지금 자라나는 우리나라의 소공자들은 힘든 육체적 노동을 감내하지 못한다는 것도 알아야 한다. 서비스업에 대한 생각도 바꾸어야 한다. 서비스는 '종(從)이나 하는 것'이라는 인식을 바꾸어야 한다. 사람들을 기분 좋게 해 주는 아주 좋은 직업이라는 생각으로 바꾸어야 한다.

기분 좋게 해 주는 만큼 많은 돈을 벌 수 있다는 생각을 해야 한다.

우리나라 사람들이 새로운 일자리 창출을 위해서 사람들을 기분 좋게 하는 일에 관심을 높인다면 부가적으로 우리나라는 살기 좋은 나라가 될 것이다. 일자리도 늘어나고 사람이 대접받는 그런 나라가 될 것이다.

현대사회는 상호 연관성 지수가 높아서 어느 한 부분만 개선해서는 되지 않는다. 경제학자를 포함한 여러 분야의 전문가들이 참여하여 이 문제를 풀어야 한다. 사회 전반을 아우르는 종합적 시각을 가진 사람들이 머리를 맞대고 풀어야 한다. 문제를 정확히 인식하기만 하면 절반은 해결된 것이다. 그런데 문제 인식을 올바로 하지 못하고 헛다리를 짚고 있다는 것이 문제다. 전체적 차원에서 취업 문제를 해결하는 전략적 시각을 가져야 해결이 가능하다.

6.25 전쟁 기념 도서관

삼각지 옛 육군 본부 자리에는 전쟁 기념관이 있다. 그런데 6.25 전쟁을 기념하는 방법이 한국전 박물관을 짓는 것만이 최선일까? 한국전 당시의 상황을 사진과 유품을 전시하고 이를 관람하게 하는 것은 당시의 참상을 보고 다시는 이런 일이 일어나지 않게 해야 하겠다는 정신적 다짐을 할 수는 있을 것이지만 이것만으로 6.25 전쟁을 진정으로 얼마나 기념할 수 있을까? 우리나라 사람들이 전체를 관람하는 데 거의 하루가 꼬박 걸리는 박물관을 세세히 보려고 하지 않는다. 보더라도 주마간산 방식으로 보고 만다. 우리나라 사람들은 보통 기념물 앞에서 '내가 여기 왔노라.' 하는 증명사진을 하나 찍고는 '뭐 어디 먹을 것이 없나?' 하고 음식점을 찾는다.

진정으로 6.25 전쟁을 기념하는 것은 다시 이 땅에 6.25 전쟁과 같은 비극이 일어나지 않게 준비하는 것이다. 우리의 능력을 키워 전쟁을 억제하고 불가피하게 전쟁이 발발했을 때는 단호히 물리칠 수 있어야 한다. 전력증강은 무기나 장비를 획득하는 것만으로 생각했다.

6.25 전쟁 당시 워낙 아무것도 없다 보니 무기와 장비만 있으면 다 될 것 같은 생각이 들어서 그랬을 것이다. 그러나 이제는 다르다. 무기와 장비도 어느 정도 갖췄고 또 더 필요한 것이 있으면 돈으로 사면 된다. 돈도 어느 정도 가지고 있다. 그런데 사람은 그렇게 되지 않는다. 무기나 장비는 돈으로 바로 사 올 수 있지만 사람의 머리는 당장 사 올 수 없다. 그래서 사람을 키워야 한다.

사람을 키우는 데는 도서관이 최고다. 학교가 사람을 키우는 최선의 기관이지만 학교도 학교다우려면 좋은 도서관이 있어야 한다. 우리나라의 군부대에는 도서관다운 도서관이 없다. 그저 명맥만 유지하고 있는 초라한 문고 수준이다. 이래서는 안 된다. 많은 장서와 연구 기관이 들어서는 도서관이 있어야 한다.

미군은 아무리 작은 부대라도 도서관이 있다. 인간이 성장하는 데는 필수 조건이 지(知), 덕(德), 체(體)인데 우리 군은 체력 단련을 위한 체육시설은 많이 만들면서 지를 키우고 덕을 키우는 도서관은 짓지는 않는다. 이러한 생각을 바탕으로 육·해·공군본부가 있는 계룡대에 '6.25 전쟁 기념 도서관'을 짓자고 제안한다.

계룡대 지역에는 계룡대와 아파트 사이에 유휴부지가 많이 남아 있다. 환매권 때문에 별로 쓰지도 않는 각종 운동장을 만들어 두고 있는 그곳에 도서관을 지으면 좋다. 열람석 5,000석 규모의 도서관 본관을 짓고 그것을 중심으로 좌우 양면에 각각 두 개씩의 별관 건물을 지어 국제회의실과 영화관, 각종 시청각 교실, 어학 실습실 등을 만들면 좋겠다. 이곳에 적어도 2개 이상의 군사 관련 연구기관을 들여놓아 군사학이 종합적으로 연구되는 그런 도서관을 지으면 좋겠다.

이렇게 다양한 시설과 대규모 시설이 필요한 이유는 우선 장교들이 퇴근 후 갈 곳이 없다. 군인 가족들도 문화 혜택이 별로 없는 지역에서 그저 하는 일이라고는 가족들끼리 모여서 수다 떠는 일, 좀 더 나은 활동을 하는 사람들은 테니스를 치는 정도다. 도서관의 다양한 시설에서 공부하고 강좌에도 참여하고 취미활동도 하면서 건전하게 생활할 수 있는 여건을 만들어 준다면 한 차원 높은 삶의 질을 보장할 수 있을 것이다. 퇴근 후 아버지가 도서관을 찾고 낮 시간에는 어머니가 도서관을 찾는 분위기에서 자라는 아이들은 자동적으로 도서관에서 공부를 하게 될 것이므로 약 5,000석 정도는 되어야 한다고 생각한다.

그리고 이러한 시설은 국제회의 용도로 활용될 수 있다. 국제회의를 서울에서 실시하면 준비 과정이 복잡하고 돈도 많이 든다. 만약 앞에서 제안한 도서관이 있다면 국제회의실에서 회의를 하고 숙식은 계룡 스파텔을 이용하면 된다. 또한 회의 참석자들이 주변 백제문화권을 탐방할 수 있고 계룡 체력단련장을 이용할 수도 있다. 뿐만 아니라 국제회의에 육·해·공군의 고급장교들이 자연스럽게 참석하여 견문을 넓히고 국제 감각을 키울 수도 있다.

또한 연구소는 냉전의 잔재가 아직도 남아 있는 한반도에서 외국의 관심 있는 군사학자들이 연구 활동을 할 수도 있고, 생산된 군사지식을 전 세계에 전파하면 군사학 연구의 메카로 부상할 수도 있다. 미래의 지식 산업을 군사학에 연계시켜 발전시킨다면 세계적 수준 군사학이 되어 자연스럽게 우리 장교단의 수준이 높아질 것이다. 6.25 전쟁을 물리적 기념물에 부가하여 정신적으로도 기념하기 위하여 6.25 전쟁 기념도서관을 건립하고 이를 계룡대 군사문화의 메카로 발전시키면 좋을 것이다.

에필로그

끝까지 읽어 주신 독자 여러분들에게 감사드린다. 서문에서 말씀
드린 바와 같이 이 책은 우리나라가 처한 어려움을 극복하고 선진국
으로 가는 길을 '전략적 사고 문화 확산'에서 찾으려는 최초의 시도
다. 전략이란 불리한 경쟁의 틀을 유리하게 만드는 방법이다. 이러
한 전략은 기획적 속성과 기만적 속성을 가지고 있는데 이를 우리의
삶에 적용하면 많은 이익을 얻는 동시에 후회할 일을 최소화할 수
있다. 멀리 크게 보는 기획적 속성은 현재의 어려운 당면 과제를 해
결하는 데 올바른 방향을 잡아 준다. 또한, 상대와의 경쟁에서 상대
가 모르게 시도하려는 노력인 기만성은 열세를 극복하는 핵심적 요
소다.

누구나 미래에 일어날 일을 미리 안다면 그에 대해 대비할 수 있으
므로 삶에 여유를 확보할 수 있다. 예를 들어 사고나 위기 같은 긴박
한 상황을 상정하여 미리 대비해 두면 당황하지 않고 차분하게 관리

할 수 있다. 미래적이고 전체적으로 사고하는 기획은 목표시점의 이익이 극대화되거나 손실을 최소화하는 방향으로 이루어진다. 그리고 이러한 기획은 업무의 혼란 방지와 순조로운 진행으로 업무의 성공 가능성을 높이고 관리비용의 절감도 가능하게 한다.

또한, 전략적으로 사고하면 관리 차원에서 좋은 점이 많지만 인간적 성숙에도 기여한다. 미래적이고 전체적으로 생각하면 어떠한 어려움 속에서도 그것을 극복할 수 있는 가능성을 발견할 수 있다. 따라서 전략적으로 사고하는 습관은 어떠한 경우에도 절망하지 않고 해결의 가능성을 보고 있으므로 사람의 성격이 긍정적으로 변한다. 이처럼 큰 틀에서 생각하는 버릇은 삶의 지혜를 키우고 남을 이해하는 데 도움을 준다. 그러므로 세상의 순리를 이해하고 따르게 되어 순탄한 삶을 살게 된다.

그리고 일을 간접적이고 은밀하게 추진하는 습관은 주변 사람들과의 마찰을 줄이고 성공의 가능성을 높인다. 특히, 창의성의 발휘는 학업, 연구 개발 업무 등에서 특별한 성과로 나타난다. 이처럼 전략적 사고를 통하여 업무의 성과를 제고하면 상사로부터 인정을 받고 주변으로부터도 능력을 인정받아 자연스럽게 리더로 부상하게 된다.

이러한 각 개인의 전략적 사고가 습관이 되어 모이면 그 집단의 '전략적 사고 문화'로 자리 잡게 된다. 어느 조직이나 집단에 전략적 사고 문화가 자리 잡으면 구성원 간의 이해의 폭이 커지고 신뢰도가 높아진다. 가정은 화목해질 것이고 기업은 생산성이 높아질 것이다. 국가 차원에서는 사회적 간접비용이 감소되고 국제 신인도가 올라갈 것이다. 사회적 갈등, 범죄, 사고, 재난 등의 사회적 문제가 줄어들고 이해, 배려, 양보, 희생 등의 긍정적 가치가 증대할 것이다. 이것들은 자연스럽게 국가의 하드 파워를 증대시키는 데 기여하게 된다.

어떠한 국가도 하드파워를 증대시키는 것은 큰 부담이다. 자원과 시간의 한계성 때문에 간단하지 않다. 그러나 소프트파워는 마음만 바꾸면 그것이 가능하다. 소프트파워가 하드파워와 결합하여 승수작용을 일으키면 엄청난 국력 증대효과를 얻을 수 있다. 이처럼 전략적 사고 문화를 통하여 증대된 국력은 주변국들과 당당히 경쟁할 수 있고 국가 위신을 제고시킬 것이다. 오직 한 사람 한 사람이 전략적으로 사고하는 습관만으로 가능하다. 돈이 드는 것도 아니고 생각의 변화만으로 가능한 일이다.

전략적 사고 습관화의 관문은 공감이다. 그러므로 독자 여러분들이 이 책을 통하여 먼저 전략적 사고를 이해하고 적극적으로 공감하기를 희망한다. 그런 다음 행동으로 옮겨서 반복하여 몸에 배기를 바란다. 전략적 사고와 같은 좋은 행동을 습관화하려면 행동을 반복하게 유도하는 강한 인센티브가 필요하다. 따라서 개인은 적절한 인센티브를 찾아 전략적 사고 행동이 반복될 수 있는 시스템을 스스로 구축하고 지도적 입장에 계시는 분들은 전략적 사고가 습관화될 수 있는 환경을 조성에 힘써 주시길 바란다. 즉, 행동-보상 사이클을 만들어 그 사이클이 지속적으로 작동하도록 하는 것이다.

구체적으로 가정에서는 부모가, 학교에서는 선생님들이, 지방정부에서는 자치단체장이. 중앙 정부에서는 대통령 및 각부 장관들이, 공기업에서는 사장들이, 시민단체에서는 대표들이, 개인 기업에서는 회장 또는 사장들이 전략적 사고가 문화로 확산되도록 환경 조성에 힘써 주시면 좋을 것이다. 예를 들어 전략적 사고 문화 확산 학술대회 및 경연대회 등도 개최하고 포상하는 시스템을 구축하여 활동하면 좋은 효과가 나타날 것이다. 아마도 이런 활동에 소요되는 경비는 전략적 사고를 통해 회수되는 이익으로 충분히 부담이 가능할 것으로 확신한다.

전략적 사고가 우리나라의 문화로 자리 잡는 데 온 국민의 동참이 필요하다. 우리나라에 경제적 풍요를 가져온 새마을운동이 전 국민의 적극적 참여로 이루어진 것처럼 전략적 사고 문화 확산운동에 모든 분들이 적극 참여하여 우리나라가 선진국으로의 도약하는 데 함께해 준다면 더 없이 감사할 일이다.

오직 생각하는 습관 하나를 바꿈으로써 우리가 살고 싶은 좋은 세상, 선진국을 만들 수 있다고 확신한다. 전략적 사고는 우리 각자가 사랑하는 자식들과 손자·손녀들이 어느 누구에게도 핍박받지 않고 당당하고 자유롭게 그리고 풍요롭게 살아갈 수 있는 길이라고 생각한다. 감히 우리 국민 모두가 이 길에 동참해 주실 것을 기대하면서 맺는다.